우리 꽃이 있어 이 땅이 더 아름답다

김창혁의 *전국일주 마라톤* 기행

우리 꽃이 있어 이 땅이 더 아름답다

김창렬의 전국민주 마을 기행

김창렬 지음

신구문화사

북한도 달리고 싶다!

    내가 달리기를 시작한 것은 30여 년 전 강원도 오대산으로 오면서부터입니다. 산에 들에 피고 지는 아름다운 우리 꽃을 새로운 농촌의 소득원으로 개발해 보자는 뜻을 가지고 스스로 현대판 화전민이라고 칭하고 오대산 자락 한뼘 양지녘에 둥지를 틀면서부터입니다.

    어려운 환경에서의 성쇠는 오로지 강건함 뿐일거라며 시작한 운동이 식물원이 되고 마라톤 100회 완주가 되고 마라톤으로의 전국일주 꿈이 현실이 되었습니다.

    이제 남은 나의 꿈은 아름다운 우리 꽃과 나무가 오롯이 잘 지켜지는 보물창고 같은 식물원으로의 자리매김과 나의 두 다리로 북녘 땅을 한 바퀴 달려보는 겁니다. 꿈이 언제 이루어질지는 모르겠으나 그 꿈을 이루기 위해 앞으로도 늘 솔숲 오대산을 달릴 생각입니다.

    전국일주 마라톤 기행을 아름답게 마무리 할 수 있도록 함께 해주신 집사람을 포함한 식물원 식구 모두와 100회 마라톤 클럽 회원 여러분께 감사드립니다.

2014년 12월

김 창 렬

차례

북한도 달리고 싶다 · 004

 제1부 동해안에서 남해안으로

아무도 시도하지 않은 선택 제1~2일 평창군-강릉시 44.55km · 012
오대산의 출정식 · 012
노무현이니까 노간주나무 · 018
산적의 소굴 대관령고개 · 023
오대산으로 바람처럼 숨어든 임재범 · 028

꽃에 미치다 제3~5일 강릉시-삼척시 71.4km · 033
설악산의 에델바이스 · 033
조선일보 춘천 마라톤 대회 · 041
내 눈꺼풀에 매달린 어머니 · 046

마라톤은 구상의 시간 제6~9일 삼척시-영덕군 115.9km · 049
삼척에서 재를 넘고 또 넘고 · 049
마음을 흔드는 정선 아라리 · 054
울주의 산국 · 058
금이 널린 금곡리마을 · 061

나를 돌아보고 새로운 나를 찾아 제10~13일 영덕군-경주시 104.2km · 064
푸른 물결과 함께 달리는 영덕의 블루로드 · 064
대한민국 제1호 사립식물원 · 069
포항의 아름다운 물결과 물길 · 074
커다란 바람구멍 같은 형산강둑 · 076

4,219.5km를 넘어 제14~18일 경주시-거제시 131.8km · 080
마라톤 100회와 100회 마라톤 공원 · 080
개가 많아서 다개리마을? · 082
거제의 벽해에서 소주샤워를 · 086
낙동강 오리알 · 088
거가대교 앞에서 테리 폭스의 용기를 되새기다 · 090

006　　　　　　　　　　　　　　　　　　　김창렬의 전국일주 마라톤 기행

남해안에서 서해안으로

어머니와 동행하는 행복한 길 제19~21일 거제시-사천시 79km · 094
동해에서 떠오른 최악의 마라톤 · 094
마음이 무거웠던 애조마을 · 100
구름 너울거리는 고성군 산자락 · 104
사천 가는 길 · 106

사라져가는 식물들을 지키리라 제22~24일 사천시-순천시 71.9km · 108
삼천포로 빠지다 · 108
전우치의 궁터마을과 김의 기원 · 111
용이 내린 남도삼백리길 · 114
식물자원의 보물창고 · 116

입이 하자는 대로 하면 제25~26일 순천시-장흥군 52.9km · 123
똥친 막대기를 들고 염상구가 따라올 듯한 벌교 · 123
방아다리 약수터의 수전노 · 126
고귀한 흰 빛 이정마을 · 132

그저 눈 딱 감고 해도 좋은 일 하나 제27~29일 장흥군-무안군 82.5km · 136
홍임 모녀와 다산초당 · 136
강진에서 생각난 다산의 한마디 · 143
목포 유달산공원의 초가집 · 148

서해안에서 임진각으로

인간이 상상할 수 없는 거리 제30~32일 무안군-고창군 74.8km · 156
인간의 한계, 울트라 마라톤 · 156
저런 쌍연(双蓮)은 처음 본다 · 159
일곱 왕비가 나왔다는 신산동 명당 · 163
고창의 기와집과 초가집 · 168

잘 마시면 백약의 으뜸 제33~35일 고창군-군산시 69.1km · 173
눈과 싸우며 부안으로 가다 · 173
거대한 자(尺) 위를 달리다 · 176
광활한 지평선 속의 벽골제 · 181
덕유산국립공원과 이의철 회장 · 184

3억 년 넘게 이 땅을 지켜온 나무 제36~40일 군산시-예산군 117.8km · 187
역사의 도시, 군산 · 187
매국노는 떠나라던 서천의 이상재 · 190
황새가 뱁새를 따라 달리던 보령의 은행나무 길 · 192
추사 고택에서 만난 다산의 제자 · 195
의좋은 형제의 고장 예산 · 198

행동의 가치는 끝까지 이루는 데 있다 제41~45일 예산군-고양시 126.2km · 200
한 걸음에 꽃 한 송이 · 200
대한민국은 쓰레기 공화국 · 207
흐르는 세월과 인간의 시간 · 209
서방극락의 땅, 안양 · 210
한강의 물고기들 길 잃을까봐 · 217

제4부 임진각에서 출발점으로

이 땅에 사는 축복 제46~48일 고양시-포천시 78.9km · 222
북한을 달리기 위한 출발점, 임진각 · 222
경기도 고랑포의 신라 경순왕릉 · 227
슬프도록 붉은 동백꽃과 술이 간절했던 포천 · 231

절제함으로 사는 삶 제49~52일 포천시-양구군 104.8km · 233
광덕리에서 걸린 동상 · 233
빈 산에 눈은 내리고… · 237
선이골 외딴 집에 숨어사는 외톨박이 · 239
5천 년의 시간이 쌓인 용늪 · 242

내 삶의 주제는 자연사랑 제53~55일 양구군-속초시 72.7km · 247
청와대의 우리꽃 · 247
공짜라서 귀함을 모른다? · 251
우리 몸의 냉정한 이치 · 254
용대리 달빛 속에서 부른 노래 · 257

아름다운 마무리 제56~60일 속초시-평창군 92.3km · 262
세계인과 함께 달리는 즐거움 · 262
한번만 봐도 딴 사람이 된다는 경치, 하조대 · 268
천 명의 식탁, 소금강 식당암 · 270
동자승의 전설을 간직한 오대산 자락 · 272
개자니 골짜기의 법정 스님 · 274

제 1 부

동해안에서
남해안으로

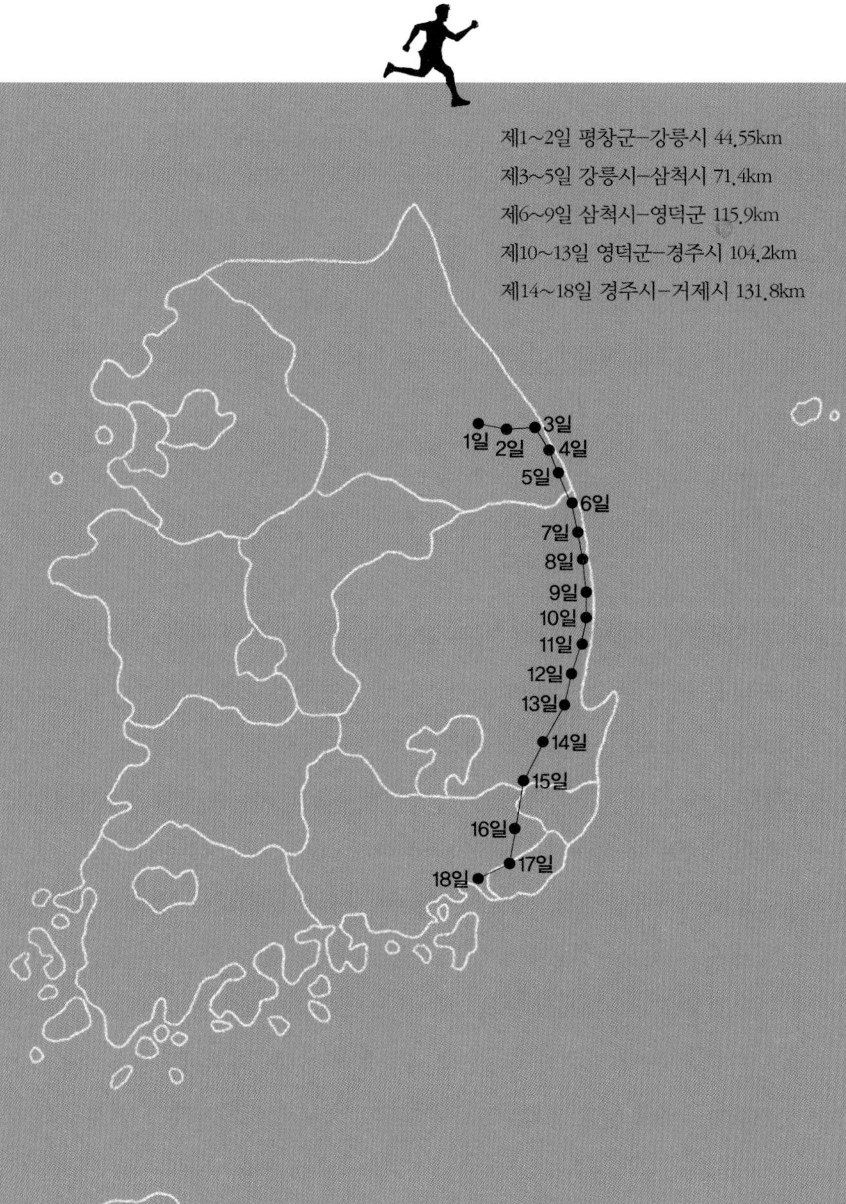

제1~2일 평창군–강릉시 44.55km
제3~5일 강릉시–삼척시 71.4km
제6~9일 삼척시–영덕군 115.9km
제10~13일 영덕군–경주시 104.2km
제14~18일 경주시–거제시 131.8km

제1~2일 평창군-강릉시 44.55km
아무도 시도하지 않은 선택

 오대산의 출정식

　11월 1일. 눈가에 남아 있는 잠을 털어내고 벌떡 일어났습니다. 오늘은 몇 년 전부터 생각만 하고 마음속에 접어두었던 전국일주 마라톤을 실행하는 첫날입니다. 강원도 평창에서 시작해 한반도의 해안을 따라 가능하면 가장 크게 국토 한 바퀴를 돌아보리라고 마음을 먹었습니다. 내 두 발로 전국을 뛸 생각을 하니 가슴이 벅차오릅니다.

　출발 지점은 강원도 평창의 '한국자생식물원'입니다. 한국자생식물원은 내가 30년 전에 오대산에 들어와서 맨손으로 일군 삶의 터전이자 고유의 식물유전자원의 보물창고입니다. 오대산을 달리며 마라톤을 시작했고, 마라톤을 하며 우리 꽃, 우리 나무로 가득 찬 자생식물원을 만들어야겠다는 구상을 처음 했습니다. 마라톤의 시작도 이곳이었고, 식물원의 시

산수국 *Hydrangea serrata* for. *acuminata* (Siebold & Zucc.) Wilson
붉은색, 흰색, 하늘색 꽃이 7~8월에 개화하고 달걀모양 열매는 9월에 익는다.
범의귀과의 낙엽관목으로 한국, 일본, 타이완의 산골짜기나 자갈밭 등에서 자란다.

작도 이곳이었으니 전국일주 마라톤이라는 긴 여정도 여기서 시작하는 것이 어울릴 것 같았습니다.

  숙소에서 나와 식물원의 멸종위기 식물보전원 현관으로 걸어갔습니다. 새벽의 하늘은 아직 어두웠습니다. 찬바람에 별빛이 흔들리고 눈시울에 알싸하게 습기가 배어옵니다.

'할 수 있을까? 한 번도 가본 적 없는 코스가 위험하진 않을까?'

기대와 걱정, 설렘과 불안이 뒤섞인 마음입니다. 새벽 5시 25분, 멸종위기 식물보전원 현관 기둥을 두 팔로 꽉 감싸 안고 심호흡 한번 하는 것을 신호로 출발했습니다. 아무도 응원해주지 않는 출발선에서 나 혼자만의 출정식입니다. 어떤 어려움이 있을지, 제대로 할 수 있을지도 모르는 아무 경험 없는 상태에서 첫발을 내딛었습니다. 그러고 보니 30여 년 전 내가 이 산골로 들어오던 날도 전국일주 첫날의 시작과 비슷했습니다.

"풀농사를 짓겠어."

1983년 이화여대 앞에서 카페를 하다가 갑자기 짐을 싸들고 강원도 산골로 내려가겠다며 아내에게 말했습니다. 내가 하겠다는 농사는 밭이나 논에서 하는 평범한 농사가 아니고 산에서 하는 들꽃 농사라고요. 우리 꽃을 키우러 산으로 들어가겠다는 말에 황당해하던 아내의 얼굴이 떠오릅니다.

그때는 내게 참 답답한 시절이었습니다. 어수선한 시국 속에서 대통령 긴급조치 9호^{박정희 대통령 때 유신헌법 철폐와 정권퇴진을 요구하는 민주화운동을 탄압하기 위한 조치로 선포. 1975년부터 79년까지 지식인, 학생 등 8백여 명을 구속했다.} 위반으로 구속이 돼서 3년여 동안 억울한 감옥살이를 하고 1977년 제헌절 때 석방됐습니다. 그리고 하는 일 없이 3년여를 허송세월했습니다.

"너 어차피 할 거 없잖아? 취직도 안 되니 카페 같은 거 한번 해봐라."

한국자생식물원의 분홍바늘꽃과 꽃창포 군락

　옆에서 내 사정을 안타깝게 바라보던 친구가 돈을 빌려주며 제안을 했습니다. 이화여자대학교 정문 앞에 가게를 하나 임대해서 '만주 땅은 우리 것'이라는 이름으로 카페를 열었습니다. 1979년도에 카페를 열고 3년을 운영하는 동안 늘 '이게 할 짓은 아니구나' 하는 생각이 마음 가득했지만 생계를 위해 어쩔 수 없이 문은 열어야 했습니다.

　'세상이 싫어서 네가 속세를 떠나는구나.'

　내가 카페를 접고 산속에 들어가 들꽃 농사를 지어 돈을 벌겠다고 하니 친구들은 한숨을 쏟아냈습니다. 그러나 나는 사는 게 힘들어서 세상을 포기한 것이 아니었습니다. 새로운 꿈을 꾸기 위해 아무도 가지 않는 길을 택한 겁니다. 전국일주 마라톤을 몇 년 동안 생각하면서도 실천하지 못했듯 들꽃 농사를 짓겠다는 계획도 오랜 시간 동안 내 안에서 뿌리내리고 자라온 과정이 있었습니다.

할 수 있는 일이 더 이상 없기 때문이 아니라 정말 농사꾼이 되고 싶었습니다. 우리 아버지도, 할아버지도, 증조할아버지도, 고조할아버지도 농사를 짓고 살았으니 나도 농사꾼이 될 수 있을 것이라고 생각했습니다. 그때부터 농사지을 땅을 찾으러 다녔습니다. 내 고향이 충청북도 보은입니다. 할아버지, 아버지가 농사를 짓던 곳이지만 고향으로 돌아가기는 싫었습니다. 좋은 학교 다닌다고 자랑하고 다니시던 어머니를 부러워하던 고향에 패자로 내려가기는 싫었습니다.

카페를 정리하고 남은 돈이 얼마 없었기 때문에 땅을 살 여력은 없었고 저렴하게 임대하여 땅을 경작할 수 있는 국유지를 찾아봤습니다. 마침 산림청에서 양묘장식물의 씨앗이나 모종, 묘목 등을 기르는 곳을 하다 폐기된 땅이 나와서 가봤습니다. 강원도 진부, 경상남도 합천, 경상북도 영덕 등 여러 군데가 있었는데 진부를 선택해서 임대계약을 했습니다.

그 당시 결혼하여 아이들이 있을 때입니다. 아내가 서울에서 직장에 다니며 생계를 책임지고 있었기 때문에 함께 산으로 들어갈 수는 없었고 나 혼자 지내야 했습니다. 그래서 가능하면 서울에서 가까운 곳을 선택하고 싶었고, 진부에 있던 양묘장은 고속도로 옆이라서 교통이 좋았습니다. 또 완전히 폐가 수준이었지만 양묘장 관사도 남아 있었기 때문에 따로 숙소를 마련하지 않아도 되었습니다.

진부의 양묘장터는 오래도록 사람 손이 가지 않아 야생 상태 그대로 그냥 깊은 산속이었습니다. 원예 전문가들에게 들꽃에 대해 조언을 듣고 싶어서 찾아갔지만, 그곳에 꽃을 심어서 돈을 벌겠다는 말을 꺼내면 고개를 저으며 불가능하니 다시 생각해 보라고 말렸습니다. 내가 전국일주 마라톤을 하겠다고 말할 때 사람들이 보여준 반응과 비슷했습니다.

"정말 할 수만 있다면 나도 해보고 싶은 일이다. 그런데 그거 어려워."

아무도 하지 않은 일을 선택한 후, 그로부터 30년이 지났습니다. 나는 양묘장터를 벗어나 산속에 우리 꽃과 풀로 조성된 20만m^2의 식물원으로 만들고, 노무현 대통령, 박근혜 대통령, 법정 스님, 손예진, 송승헌, 임재범을 비롯해 전국의 수많은 사람들이 찾아오고, 수많은 미디어에서 소개하는 강원도의 아름다운 명소로 키웠습니다.

노무현이니까 노간주나무

　식물원에서 전국일주 마라톤을 시작하니 감회가 새로웠습니다. 식물원에서 출발하여 마을길을 달리자 지나간 많은 일들이 떠올랐습니다. 아직 새벽이라서 주위는 어둡고 길도 잘 보이지 않았습니다. '한 5km만 가면, 곧 날이 샐 테니까 밝아지겠지.' 여유로운 마음으로 달렸습니다.
　마을회관과 식물원 버스 주차장을 지나 6번국도 입구까지 1.5km 정도 달렸는데 날씨가 추운 탓인지 손발이 시려 장갑을 찾아 끼고 올 걸 하고 후회가 되기 시작했습니다.

　'아니, 시작한 지 20분도 안 돼 벌써 후회?'

　피식 웃음이 나왔습니다. 앞으로 해안선을 따라 1,600km 가까이 달려야 하는데 5km 지점에서 힘들다는 생각이 들다니…. 살살 기어 나오는 사념을 떨치듯 열심히 달려 10km를 1시간 20분에 뛰고 횡계를 향해 '높은 다리', '용평리조트' 입구를 지나 옛 고속도로로 오르막길에 진입하여 비로소 거친 숨을 몰아쉬었습니다.
　동계올림픽이 치러질 횡계 주변은 세월과 함께 많이 변하고 있습니다. 소박한 산골 아낙이 양반 댁 마나님처럼 세련되어 보인다고나 할까. 하늘과 땅은 늘 같은 자리에 있는데 어떻게 가꾸느냐에 따라 많이 달라 보이는 것 같습니다. 사람이 아름답게 보이기 위해 화장을 하고, 작은 키를 커

보이게 하려고 굽 높은 신발을 신는 것처럼.

우리 꽃 중에 산수국이 있습니다. 산수국도 자신을 돋보이게 하기 위해 눈속임을 합니다. 산수국이나 산딸나무 같은 종류의 나무들은 눈에 잘 띄지 않는 보잘것없는 꽃이 여러 개씩 모여 핍니다. 벌과 나비들이 이 작은 꽃을 보지 못하고 찾아주지 않을까봐 꽃처럼 보이는 고운 색깔로 단장된 여러 장의 가짜 꽃잎을 달고 있습니다. 긴 장마철 빗속에서 어렵게 꽃을 피워 번식을 하려는 몸부림입니다. 벌과 나비는 물론 사람들도 그것을 진짜 꽃으로 보는 경우가 많습니다. 종의 번식을 위한 의식이 끝나면 곧바로 꽃처럼 보이던 잎은 녹색으로 변해 본래의 초록색으로 돌아갑니다.

산수국은 한여름 숲 속 햇빛이 완전히 차단된 곳에서도 보라색 아름다운 꽃을 피우며 대부분의 식물이 살아남을 수 없는 소나무, 잣나무, 전나무 등 침엽수 밑에서도 저희들끼리 오순도순 잘 살아가는 생명력이 강한 식물입니다. 우리 식물원에도 7월이 되면 산수국이 흐드러지게 피어 장관을 이룹니다.

"봉하마을에도 산수국 좀 많이 심자."

노무현 대통령도 우리 식물원의 산수국을 보고 봉하에도 이랬으면 좋겠다는 말을 했습니다. 2006년 어느 날 청와대에서 전화가 왔습니다. 노무현 대통령이 우리 식물원을 방문하고 싶다는 전화였습니다. 비서관이 전화를 했는데, 그때 나는 일본에 있었습니다. 갑자기 내일모레 오겠다는데, 당장 갈 수도 없고 방법이 없어서 다음으로 미뤘는데, 결국 재임 중에는 오지 못하고 퇴임하고 방문을 했습니다.

　노무현 대통령과 권양숙 여사, 강금원 회장, 이광재 의원이 함께 왔습니다. 대개는 안내자를 따라 식물원을 돌아보는데 이분은 거침없이 식물원을 이곳저곳 돌아다니며 구경하는 모습이 인상 깊었습니다. 나는 식물원에 오셨으니 기념식수를 해달라고 청했습니다. 마침 식수로 마땅한 '노간주나무'가 있어서 가져왔습니다. 노무현 대통령이 노간주나무를 보더니 무슨 나무냐고 물었습니다.

"노간주나무입니다."
"노간주나무? 기념식수를 노간주나무로 하는 이유가 있나요?"
"아, 노씨니까 노간주나무죠."
모두가 한바탕 크게 웃었습니다.

　노간주나무는 우리나라 전국에 걸쳐 분포하며 키는 8~10m까지 자라는 상록침엽수입니다. 척박하고 건조한 조건에서도 잘 살 수 있는 능력이 있는 식물로 과거에는 산지의 곳곳에 넓게 분포하였지만 지금은 산지의 바위 지대나 석회암 지대의 산림이 발달하지 않는 곳에 주로 분포합니다. 이렇게 분포 범위가 축소된 것은 우리나라 전국에 걸쳐 이루어진 조림과 산림 보호정책으로 울창한 숲이 증가하여 노간주나무가 살기에 적합한 환경이 줄어들었기 때문입니다.

　1980년대에 시중에 판매되었던 '주니퍼'라는 술이 있었는데 이 술 이름인 '주니퍼(Juniper)'는 이 식물의 속명(Genus name)인 'Juniperus'

노간주나무로 기념식수하는 노무현 대통령 부부

에서 따온 것으로 이 술은 서양의 노간주나무 속(Genus) 식물의 열매 (Juniper Berry)를 이용하여 만든 것입니다. 또한 노간주나무 속에 속하는 나무의 열매를 화장품, 향수 및 허브로 이용하며 여러가지 상품이 개발되어 있습니다.

 노무현 대통령은 기념식수 후에 식물원 이곳저곳을 유심히 둘러봤습니다. 그리고 '봉하마을'에 대한 구상을 설명하면서 봉하마을도 이 식물원처럼 우리 꽃, 나무로 가꾸고 싶으니 도와달라고 했습니다. 나는 기쁜 마음으로 8월에 봉하마을에 직접 가서 힘껏 돕기로 약속을 했습니다. 그런데 안타깝게도 그 짧은 사이에 문제가 생겨 일이 어렵게 됐지요.

 내일의 일을 오늘 알 수 없듯이 전국일주 마라톤에 어떤 어려움이 다가와 내 앞을 가로막을지 모르겠습니다. 하지만 남들이 가보지 않은 길을 선택해서 지금까지 묵묵히 걸어온 내 삶처럼 내일의 레이스도 이어갈 겁니다. 횡계에서 마무리한 첫날 레이스는 늘 다니던 길이기 때문에 큰 무리 없이 마칠 수 있었습니다.

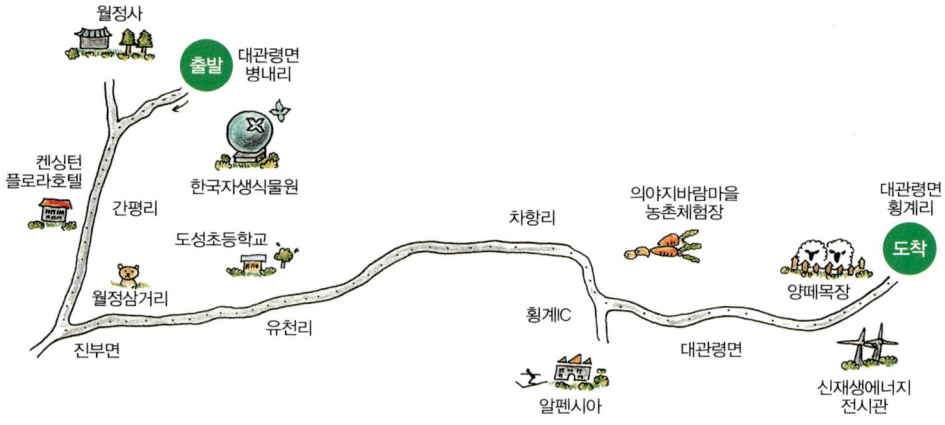

제1일 대관령면 병내리 – 대관령면 횡계리

 산적의 소굴 대관령고개

    11월 2일. 새벽 6시, 발걸음도 가볍게 둘째 날 레이스를 시작했습니다. 오늘은 횡계에서 출발하여 강릉까지 23km를 달리는 코스입니다. 어제 레이스를 마친 '대관령 풍력발전단지 신재생에너지 전시관' 앞에서 출발했습니다.

    도로에는 새벽인데도 제법 많은 차량이 오고 가서 위험하다는 느낌이 들었습니다. 날도 아직 어두워서 자칫 사고가 날 수도 있었습니다. 이 길은 내가 30년 전부터 강원도 산속을 다니며 우리 꽃, 나무의 표본 채집과 씨앗 채종을 위해 발길이 잦아 익숙했습니다. 이곳에서 붓꽃, 비비추, 구절초 등의 씨앗과 식물을 채집했습니다. 그때는 이곳이 고속도로라 많은 차량이 오고 가서 위험하기도 하고 채집, 채종에도 눈치가 보여 주로 새벽이나 저녁 시간을 이용했습니다. 이곳에는 특히 구절초가 많았습니다.

    구절초는 우리나라 가을을 대표하는 꽃으로 개미취, 좀개미취, 울릉국화, 산국, 감국, 쑥부쟁이 등과 함께 흔히 들국화로 불리는 향식물입니다. 아주 옛날부터 한방에서 부인병 약재로 쓰여 왔는데 음력 9월 9일 채취하는 것이 약효가 가장 좋다고 하여 구절초라는 이름을 가졌다고 합니다.

    식물원을 운영하면서 가장 많은 질문을 받는 것이 '원장님은 어떤 꽃을 제일 좋아하느냐?'입니다. 그럴 때마다 나는 선뜻 구절초라 말합니다. 가을이 좋고 가을 속 구절초의 하얀 꽃잎이 좋습니다. 구절초는 건조한 곳과 햇빛을 무척 좋아하고 습한 곳을 아주 싫어합니다. 우리 식물원은

구절초 *Dendranthema zawadskii* var. *latilobum* (Maxim.) Kitam.
9~10월 개화하는 국화과의 여러해살이풀이다. 산에서 높이 50~100cm로 자란다. 뿌리에서 나는 잎은 전체적으로 난형이며 끝이 얕게 갈라져 있다. 전초는 약용하고 개화초기에 분홍빛을 띠는 경우가 많다.

꽤 넓은 면적을 할애하여 구절초를 재배하고 있습니다.

구절초 씨앗 받으려고 아침, 저녁으로 오가던 이곳. 어느새 30년이란 세월 속에 나를 묻고 오늘은 내 그림자를 밟으며 새로운 그 무엇을 찾아 달리고 있습니다.

옛 대관령휴게소 풍력단지 앞을 지나 해발 700m의 대관령 고갯길을 넘었습니다. 굽이굽이 내리막길을 달리는 기분이 상쾌했습니다. 내리막길이라 무릎에 무리가 따를 것 같아 처음에는 조심조심했는데 의외로 속도감을 느낄 수 있어 좋았고 강릉 쪽이 가까워올수록 단풍 색이 무척 곱고 아름다워 숨소리보다 탄성소리가 컸습니다.

예전에는 '대관령'을 '대굴령'이라고 했답니다. 길이 험해서 고개를 넘으려면 대굴대굴 구르기 때문에 대굴령이라 했다는 말도 있지만, 이 지역 사람들 말로는 옛날에 이곳에 큰 산적 소굴이 있어서 대굴령이라는 말이 나왔다고 합니다.

아주 옛날부터 고려시대, 조선시대까지 죄짓고 도망간 사람들은 강원도 산속에 많이 숨어 살았습니다. 강원도 말을 들어보면, '아니래요, 갔대요, 했드래요, 했대요'라는 말을 많이 씁니다. 보통 '했대요'라는 표현은 남 얘기를 전할 때 많이 쓰는 말입니다. '그 사람이 그랬다더라'며 추측을 하는 말입니다. 그런데 특이하게도 강원도에서는 남 이야기가 아닌 자기 자신에 대한 의견에도 그 표현을 씁니다.

"김씨, 밥 먹었어요?"
"예, 저 밥 먹었드래요."

국어학자 서정범 교수님이 설명해 주신 적이 있는데 강원도 사투리에서 '왔대요, 갔대요, 먹었대요, 했대요' 같은 표현은 자기가 책임지지 않겠다는 표현이라고 합니다. 왜 책임지지 않으려고 했을까요? 그것은 그들이 숨어사는 신분이기 때문에 누구에게도 책임질 말을 할 위치에 있지 못해서 마치 자기 일도 남의 말을 하듯이 하는 거라고 합니다. 지금 내 이웃들에게서도 자주 그런 표현을 듣습니다.

"어디 가니?"

벌개미취 *Aster koraiensis* Nakai
6~10월 개화하는 여러해살이풀이다. 산이나 들의 물기가 있는 곳에 높이 50~60cm로 자란다. 줄기에 팬 홈과 줄이 있고 어린순은 식용하고 조경용으로 심는다. 한국 특산식물이다.

"강릉 간대요."

전화를 할때도,

"여보세요? 한동호 씨 부탁합니다."
"내가 한동호래요."

예전부터 강원도라는 곳은 죄를 짓고 숨어산 사람, 눈이 맞아서 야반도주한 사람, 세상에서 벗어나고 싶어서 들어온 사람, 주변 지방에서 땅을 잃고 살기 힘들어서 화전을 일구러 들어온 사람 등이 살기 위해 찾은 최후의 보루가 아니었을까 합니다. 나 또한 현대판 화전민이 틀림없고요.

우리 식물원에도 간혹 그런 지인들이 찾아옵니다. 사회를 등지고 도망 다니던 사람, 선거 나갔다가 떨어져서 열 받아 온 사람, 평생 다니던 직장에서 잘리고 허탈해서 온 사람…. 잘 나가는 사람들은 바쁘니까 못 오는 걸 테고, 안 된 사람들은 달리 갈 데가 많을 텐데 이 산속으로 왜 오는지 모르겠습니다. 외부와 고립된 시간과 공간이 상처를 치유할 계기를 줘서 일까요.

그런 사람 중에 가수 임재범이 있었습니다. 평범하지 않은 인연으로 가끔씩 생각나는 사람입니다. 15~16년 전 노래하는 세상에서 잠시 잠적하고 싶다며 아는 분을 통해 우리 농장에 와서 큰 눈을 껌뻑거리며 만난 인연으로 한 지붕 아래 1년 가까이 동숙했습니다.

 오대산으로 바람처럼 숨어든 임재범

　재범이가 오던 날이 생각납니다. 그날 아침에 오늘 오겠노라는 전화를 받았는데 오후에 바람처럼 나타났습니다. 지인과 함께 차를 타고 왔는데 운전을 했던 지인은 재범이를 내려놓고 바로 떠났습니다. 재범이가 차에서 내리는데 아무것도 없이 배낭 하나 달랑 메고 있었습니다. 짐이 없는 것을 보고, 여기 오래 있을 생각은 아니구나 싶었습니다. 진부 시내에 일이 있어서 열쇠 꾸러미를 내밀며 말했습니다.

"왔어요? 얘기는 들었어요."
"예. 안녕하세요."
"여기 열쇠 받아요. 난 나갔다 올 테니."

　나중에 재범이 말로는 처음 만난 사람한테 아무렇지도 않게 집 열쇠며 농장을 다 맡기고 차를 타고 휑하니 가는 내 모습이 좀 신기했답니다. '생전 처음 본 날 뭘 믿고 집 열쇠 다 맡기고 저렇게 가나?' 싶었답니다.
　그날 이후 재범이와 1년 가까이 함께 지냈습니다. 항상 내 헐렁한 운동복을 입고 살았고 나를 삼촌이라고 불렀습니다. 하루 일과가 아침에 일어나서 아침밥을 해서 먹고, 산에 가서 돌아다니는 겁니다. 그러다 어두컴컴한 방에 앉아서 기타를 치며 노래를 합니다. 그 당시에 나는 재범이 노래를 들으며 별로 잘 부른다는 생각을 안 했습니다. 그래서 좀 제대로 노

대관령의 아침

래를 불러보라고 타박도 했습니다.

"야, 노래가 뭐 그러냐? 넌 그런 노래밖에 없냐?"
"그러니까 내가 이런데 와 있죠."

어떤 날은 산에서 뱀을 잡아 오더니 내게 뱀탕을 끓여주었습니다. 자기는 먹지 못하면서 제법 그럴 듯하게 만들어 내왔습니다. 나도 뱀탕은 못 먹겠어서 다른 친구에게 먹어보라 하니 맛있다며 잘 먹었습니다. 또 어떤 날은 말벌을 잡아서 머리만 떼어낸 다음 창에다 일렬로 죽 붙여 놓았습니다. 말벌이 해충이었기 때문에 많이 잡았습니다. 여러모로 하는 짓이 평범한 친구는 아니었습니다. 자신의 노래에 무심한 내 마음을 읽기라도 했는지 어느 날 재범이가 하는 말이,

"삼촌, 헤비메탈 하는 놈들은 똘아이가 많아요."

재범이는 밥도 잘하고, 빨래도 잘 했습니다. 방학 때 아들 대현과 딸 다희가 식물원에 오면 삼촌처럼 같이 놀았습니다. 그런데 산속에서 함께 지낸 지 1년 가까이 되어도 재범이를 찾아오는 사람은 아무도 없었습니다. 단 한 사람도 없더군요. 아주 가끔 바다에 갔다 오는 거 말고는 외출도 안 했습니다. 1년 후 재범이는 바람으로 왔던 것처럼 산에서 훌쩍 떠났습니다. 그 후 재범이와 가끔 만나기도 했지만 곧 연락이 끊겼습니다. 꽤 긴 시간이 흐른 뒤 어느 날 '임재범 콘서트'를 한다는 말을 들었습니다. 직원이 가보고 싶다고 그래서 같이 갔습니다. 음악회가 끝나고 팬 사인회를 하는데 나도 기다리고 있었습니다. 재범이가 대기실에서 나와 나를 보더니 깜짝 놀라서 다가왔습니다.

"삼촌!"
"재범아, 너는 너 살던 곳에 한번 와보지도 않냐?"
"아유, 한번 가야 하는데…."
"너 그랬잖아. 서울 와서 잘 되면 나 산속에 안 두고 데리고 내려온다고. 근데 데리러 오기는커녕 발걸음 한번 안하냐?"
"허허, 죄송해요."

해국 *Aster sphathulifolius* Maxim.
9~10월 개화하는 국화과의 반목본성 여러해살이풀이다. 바닷가 암석지대에 높이 30cm 정도로 자란다. 잎이 두텁고 전체에 부드러운 털이 많다.

    반가운 만남이었습니다. 하지만 바쁜 세상을 살다보니 또 연락이 끊겼습니다. 재범이와 같이 살던 농장은 그 뒤 식물원이 되었습니다. 식물원에 '100회 마라톤 기념공원'이 있는데 그곳에 공연을 할 수 있는 무대를 만들어 놓았습니다. 그곳에서 재범이 음악회를 한번 열어보고 싶다는 생각이 들었습니다.

    재범이 얼굴을 바람에 날려 보내고 대관령고개를 내려와 어흘리^{가마골,} 숯 굽던 터를 지났습니다. 10km 넘는 길을 단숨에 내려와 잠시 한숨 돌리고 천천히 조깅하듯 달리자 명주군 왕릉 안내판이 눈에 들어옵니다.

    명주군 왕릉의 주인인 김주원은 신라 태종 무열왕의 6대손으로 785년

선덕왕이 후사가 없이 죽자 군신들은 김주원을 왕으로 추대했다고 합니다. 그런데 공교롭게도 물난리가 나 경주에서 200여 리나 떨어져 있는 곳에 있다가 왕위 계승을 위해 경주로 가던 중 알천의 불어난 물 때문에 궁으로 들어가지 못하고 있었는데 궁에서는 막중한 왕의 자리를 오랫동안 비워둘 수 없어 다시 상대등 김경신을 왕으로 재추대하여 38대 원성왕이 되었습니다.

  그 후 김주원은 자신에 대한 원성왕의 화가 미칠 것을 염려하여 경주에서 멀리 떨어진 강릉으로 도피 아닌 도피를 하여 살아가던 중 원성왕은 그를 강릉·삼척·울진·평해 등을 식읍으로 주고 다스리게 하였답니다. 그 김주원 일가가 강릉 김씨가 되었다고 합니다. 왕이 되고 안 되고 하는 것 역시 하늘의 뜻에 있다는 생각이 듭니다.

  둘째 날 코스는 대관령의 내리막길이 워낙 뛰기 수월해서 한 5~6km 정도는 더 달려도 좋을 듯 했습니다.

제2일 대관령면 횡계리 – 강릉시

제3~5일 강릉시-삼척시 71.4km
꽃에 미치다

 **설악산의 에델바이스**

  11월 3일. 식물원에서 강릉 쪽이 점점 가까워올수록 단풍 색이 더 곱고 아름다웠습니다. 강릉 시내를 지나고 안인의 파란 바닷내음을 맡으며 달리다보니 정동진에 도착했습니다. 푸른 동해바다를 따라 꽤 큰 언덕을 넘어 심곡항까지 단숨에 내달렸습니다.

  심곡항을 지나면서 바위틈 사이로 문득문득 보이는 감국이며 해국이 아름다웠습니다. 불어오는 짭짤한 바다 내음과 꽃 내음에 앞으로의 여정이 맞날 것 같았습니다. 금진항 버스 승차장까지 23.1km를 달리고 난 후 물메기탕으로 아침 겸 점심식사를 했는데 '으음 바로 이 맛!' 마라톤의 고단함을 잊게 하는 맛이었습니다.

  밥을 먹고 금진항 마을길을 따라 산책을 했습니다. 어느 집 옆에 텃밭을 일궈 상추며, 깻잎이며 다양한 채소를 소박하게 키워 놓은 것이 보기 좋았습니다. 우리나라의 모든 직업 중에서 가장 오래된 직업이 농업이라는 말이 떠올랐습니다.

나는 단군 이래 최고로 어려운 직업이 농업이라고 생각합니다. 농사를 짓는 사람들 대부분은 자기 자식만은 농사꾼이 되지 않게 하려고 부단히 애씁니다. 농사일은 일 자체도 힘들지만 1년 내내 애써 농사를 지어도 소득이 변변치 못하기 때문이죠. 흔히 우리가 도시에서 3대째 이어가는 음식점이 있다는 소리만 들어도 대단하다고 찾아갑니다. 그런데 농업은 5천 년을 지속했어도 다들 기피하는 직업입니다. 우리 부모님도 자식만은 농사일 하지 말고 도회지에서 편히 살길 기대했었습니다.

내가 학교를 무사히 마치고 사회에 나왔다면 전혀 다른 길을 걸었을지도 모릅니다. 이런저런 일을 겪으며 결국 농사꾼이 되기로 했고, 이왕 농사꾼이 되었으면 콩이나 보리, 벼 등 평범한 농사 말고 다른 사람이 하지 않는 것 중에서 해야 가능성이 있을 거라는 생각을 했습니다.

'돈과 바꿀 수 있는 새로운 농사가 뭘까? 우리 꽃을 재배해봐?'

당시 우리나라 자생식물을 재배해서 돈하고 바꿀 수 있다고 생각한 사람은 없었습니다. 조경이나 원예를 전공한 사람들도 부정적이었으니까요. 그때는 우리 꽃은 전혀 재배하지 않고, 외국에서 수입한 원예종을 키울 때입니다. 하지만 나는 우리나라가 경제적으로 성장하고 국민 의식 수준이 높아지면 우리 풀과 나무를 정원에 끌어들이는 날이 올 거다. 그러

산솜다리 *Leontopodium leiolepis* Nakai
6월 개화하는 국화과의 여러해살이풀이다. 높은 산 암석지대에 7~22cm 높이로 자라며 가지가 없고, 전체에 흰 솜털이 있다. 한국 특산식물이다.

기 전에 내가 대량으로 재배를 해놓으면 다른 사람보다 먼저 앞서갔으니까 충분히 경쟁력이 있을 거라고 생각했습니다.

나는 원래 산을 좋아해서 틈나는 대로 많이 찾아다녔습니다. 특히 설악산을 많이 갔습니다. 80년대 초에 설악산에 가면 관광기념품으로 설악산에서 채취한 에델바이스(솜다리)를 액자에 넣어 많이 팔았습니다. 솜다리와 관련한 유행가가 인기를 끌었고, 멸종 위기 식물이었기 때문에 희소 가치도 있어서 엄청난 사랑을 받았습니다. 설악산에 온 관광객들 손에는 솜다리 액자가 꼭 들려 있을 정도였습니다.

잘 팔리는 상품을 위해 장사하는 사람들은 설악산에서 솜다리를 캐서

팔고 싶어 하고, 당국은 멸종 위기 식물인 솜다리를 캐지 못하도록 막는 숨바꼭질이 계속됐습니다.

설악산에 다니며 그런 모습을 보면서 '저 꽃을 사람들이 좋아하면 산에서 캐오지 말고, 대량으로 재배해서 갖고 싶은 사람들한테 주는 게 적극적인 보존방법도 될 수 있고, 관광 상품으로도 개발할 수 있을 텐데 왜 당국에서는 솜다리 채취를 막기만 할까? 내가 한번 키워 봐?' 하는 생각을 문득문득 했었습니다.

그때부터 하루, 이틀, 일 년, 이 년 고민하다보니 그게 체계가 서더군요. 어디어디 가서 어떻게 자리 잡아서 어떻게 하면 되겠다고 계획이 섰고 실행에 옮겼습니다. 그래서 카페를 접고 강원도로 솜다리 농사를 지으러 간 겁니다. 물론 설악산에 가서 장사하는 사람들한테 수요조사를 했습니다.

"제가 솜다리를 재배해서 드리면 돈 좀 벌 수 있을까요? 하루에 얼마나 파실 수 있을까요?"

"가져올 수 있을 만큼 가져와요. 다 사줄 테니까."

그때부터 아침이면 솜다리 씨앗을 채취하러 설악산에 갔습니다. 설악산에 사는 사람 빼놓고 우리나라에서 아마 내가 제일 많이 설악산에 갔을 겁니다. 솜다리는 사람들이 하도 뜯어가서 높고 험한, 사람 발길이 닿기 힘든 데만 있었습니다. 당시 아침 5시면 일어나서 설악산에 갔습니다. 사과 하나, 삶은 계란 하나, 우유 한 팩, 김밥 한 줄, 초콜릿 한 개를 배낭에 넣고 비닐봉지와 조그만 호미를 하나 배낭 옆구리에 꽂고 산에 올랐습니다.

죽을 고비도 여러 번 넘겼습니다. 여름에 내설악 오색약수터에서 대청봉을 향해 가는 길이었습니다. 올라가다가 솜다리를 발견했는데 바위벼랑 끝에 있었습니다. 반가운 마음에 캐내려고 손으로 움켜쥔 순간 미끄러졌습니다.

꽤 높은 벼랑에서 정신없이 떨어지는데 순간적으로 양쪽 팔이 나무에 걸려 겨우 추락을 멈췄습니다. 아래는 천 길 낭떠러지, 손잡을 데는 없고…. 그 자세로 바위에 매달려 2시간을 버텼습니다. 겨우 바위틈을 찾아 발로 밟고 위로 올라올 수 있었지만 죽음을 눈앞에 둔 아찔함을 맛봤습니다. 그날은 채취한 씨앗과 솜다리를 산에 다 버리고 내려왔습니다.

'내 다시는 솜다리를 안 캔다. 다시는 설악산에 안 온다.'

뒤도 돌아보지 않고 집으로 돌아왔습니다. 하지만 일주일 있다가 그 벼랑에 다시 갔습니다. 계속 솜다리 생각이 떠나지 않았고, 죽을지도 모르는 위험한 일이지만 멈출 수가 없었습니다. 솜다리는 이른 봄에 채취하고 이른 가을에 씨앗을 받는 것이 보통이라 하루라도 시간을 낭비할 수 없었습니다.

솜다리나 솜다리 씨앗을 받아서 산을 내려오면 캄캄한 밤이 되었습니다. 다리가 풀려 힘이 들지만 집으로 가지 않고 바로 농장으로 달려갔습니다. 그리고 캐 온 솜다리를 밤새 심었습니다.

한편으로는 리히텐슈타인알프스산 스위스와 오스트리아 중간에 있는 아주 작은 나라에서 에델바이스를 수입해서 우리나라 솜다리와 비교하며 연구를 계속했습니다. 야생 솜다리는 아무도 인공재배를 한 사람이 없기 때문에 물어볼 곳도, 찾아볼 책도 없어 혼자 애를 쓸 수밖에 없었습니다. 시골에서 태어나긴 했어도 농사의 '농'자도 모르고 시작한 일이었기에 어려운 일이 많았습니다.

이웃 농민들에게 농사의 기본을 전수받고, 대관령 고령지시험장의 전문 연구원들에게 큰 도움을 받으며 솜다리 재배에 매진했습니다. 그리고 드디어 농사를 시작하고 3년 만인 1985년에 대량 증식에 성공했습니다. 솜다리는 다년생인데 당해년도에 꽃이 피지 않고 2년째부터 꽃을 피웁니다. 의외로 빠른 시간에 이룬 성공이었습니다.

1985년 5월 말에 농장은 솜다리 꽃으로 뒤덮였습니다. 비닐하우스가 600평이었는데 그 면적에 꽃이 가득 피었습니다. 사람들을 고용해서 꽃을 수확하여 설악산에 납품을 했습니다. 내가 키운 솜다리를 사려고 상인들이 줄을 섰습니다.

어떻게 알았는지 소식을 듣고 신문사에서 찾아왔습니다. 처음 보도한 기자랑 지금까지도 연락을 하고 지냅니다. 지금은 세계일보 논설위원으로 있습니다. 신문을 보고 찾아 온 사람과 솜다리 독점판매 계약을 했습니다. 1년에 20여 만 개씩 생산했습니다. 꽃 한 송이에 120원씩 받아 1년 소득이 3천만 원이 되었습니다. 그 당시는 꽤 짭짤한 소득이었습니다.

에델바이스를 시작으로 1987년에는 천연기념물인 섬백리향을 증식하는 데 성공했습니다. 1989년에는 미선나무, 1992년에는 울릉국화를

섬백리향 *Thymus quinquecostatus* var. *japonica*
6~7월에 연분홍색으로 개화하는 꿀풀과에 속하는 낙엽반관목이다. 울릉백리향이라고도 하며, 바닷가의 바위가 많은 곳에서 자란다. 높이 20~30cm로 백리향보다 잎과 꽃이 크다. 울릉도에 있는 자생지는 천연 기념물로 지정되어 보호하고 있다.

증식했습니다. 산에 돌아다니며 식물을 채집하고 식물도감을 보며 꽃 이름을 찾아 공부했습니다. 그때는 컬러로 된 식물도감이 귀했습니다. 닳도록 펼쳐본 책이 이영노 박사의 『식물도감』, 이창복 교수의 『대한식물도감』입니다.

책뿐 아니라 '한택식물원'을 경영하는 이택주 원장이나 진천에서 '영주농장'을 하는 이영주 원장을 자주 찾아가 식물에 대해 이것저것 궁금함이 풀릴 때까지 물어봤습니다. 낮에는 농사, 밤에는 공부, 말 그대로의 주경야독이었습니다. '아프니까 청춘이다'라는 책이 있는데, 나는 이렇게 말하고 싶습니다.

'미칠 수 있으니까 청춘이다.'

되면 좋고 안 돼도 할 수 없다, 10년만 투자해보겠다는 각오로 풀 농사에 미쳐 지금까지 살고 있습니다. 누군가 '어떻게 해야 성공합니까'라는 질문을 내게 한다면 '그냥 미쳐보라'고 답하고 싶습니다.

제3일 강릉시 강남동 – 강릉시 금진리

 조선일보 춘천 마라톤 대회

11월 7일. 어제 중앙일보 마라톤 대회가 열려 참가를 하고 다시 전국 일주 마라톤 장도에 올랐습니다.

중앙일보 마라톤 대회에 참가한 게 올해로 꼭 열 번째가 됩니다. 하프 마라톤 대회에서 풀코스 대회로 전환한 후 10년 동안 개근을 한 셈입니다. 기록이 그다지 좋지는 않지만 10년을 빠지지 않고 달렸다는 데에 나름대로 의미를 부여합니다. 앞으로도 중앙일보 마라톤 대회만은 체력이 허락하는 한 빠지지 않고 참가해 볼 생각입니다.

중앙일보 마라톤 대회의 참가기록은 처음 뛰었던 2002년에는 3시간 31분 56초였습니다. 그 다음해는 3시간 35분 59초, 2010년 3시간 50분 52초, 2011년 4시간 10분 32초로 점점 기록이 떨어지니 나이가 드는 건 확실한 것 같습니다. 해마다 내년에는 좀 더 좋은 기록으로 뛰어 보겠다고 다짐을 하지만 마음대로 기록이 좋아지질 않아 조금은 서운합니다.

마라톤 대회에 처음 출전한 게 2000년 10월 조선일보 춘천 마라톤입니다. 어느 날 산에 놀러 온 친구가 풀코스 마라톤을 완주했다며 의기양양하게 '너도 마라톤을 한번 해봐라, 아주 좋더라'는 말에 호기심이 생겼습니다.

'나도 강원도 와서 10년 가까이 산속을 뛰어다녔다. 마라톤이 뭐 별게 있겠나. 그냥 뛰면 되는 거지.'

다른 사람들은 마라톤 대회에 출전하기 전에 풀코스를 몇 번 뛰어 본다고 하는데, 나는 마라톤 연습도 제대로 안 하고 오대산에서 20km쯤을 두어 번 뛰고 참가했습니다.

첫 마라톤 대회에서 경기 시작 후 7km까지는 신나게 달렸습니다. 그런데 10km 지점부터 다리가 아프기 시작했습니다. 좀 천천히 뛰면서 페이스 조절을 했으면 아픈 느낌이 덜할 텐데 다른 선수들이 나를 지나치며 앞서가고, 그 사람들이 멀어지니까 따라가려고 더 빨리 달렸습니다. 어깨가 빠질 것처럼 쑤시더니 다리가 아프기 시작했습니다.

'이상하다. 다리로 뛰는데 어깨가 왜 아프지?'

산에서 운동 삼아 달렸을 뿐이라 달릴 때 어깨가 아픈 건 처음 느끼는 고통이었습니다. 나중에 들은 얘기지만 다른 사람들도 마라톤 할 때 맨 먼저 컨디션이 안 좋아지는 데가 다리보다 어깨라고 합니다. 그리고 다리로 고통이 간답니다. 스트레칭을 하면서 풀어보지만 임기응변일 뿐이고 일단 고통이 시작되면 풀리지 않습니다.

다리와 어깨가 아프다가 허벅지까지 뻣뻣해져서 걷다가, 뛰다가 했습니다. 28km 지점에서는 내 다리가 내 다리 같지 않았습니다. 감각이 없고, 더 이상 앞으로 내디뎌지지가 않았습니다. 그리고 온몸이 근육통으로 안 아픈 구석이 없었습니다.

그냥 서 버렸습니다. 오랫동안 그대로 서서 시간을 보냈습니다. 앉을 수도 없습니다. 처음부터 체력에 맞게 잘 조절을 하며 달렸으면 좋은 기

록을 낼 수도 있었을 텐데 아쉬웠습니다. 여기서 포기할까? 그러나 포기하기에는 뛰어 온 거리가 억울하고 가족들과 식물원 직원들에게 마라톤 대회에 참가한다고 동네방네 떠들었기 때문에 싱거운 사람이 되지 않기 위해서는 완주를 해야겠다고 마음을 다잡았습니다.

앉았다, 섰다, 스트레칭을 오래 하고 천천히 걸으며 앞으로 나아갔습니다. 그런 식으로 결승점까지 완주를 해야겠다고 걷다가 뛰다가를 반복하다보니 30km 지점 표지판이 눈에 들어 왔습니다. 30km 지점을 지나자 군인들이 몰려나와 선수들을 응원하고 있었습니다. 마라톤 코스를 지나는 곳에 신병교육대가 있는데 군인들이 2km에 걸쳐 일렬로 길가에 서서 마라톤 참가자들에게 격려의 박수를 쳐주고 있었던 것입니다. 박수를 받으며 걸을 수는 없고, 열심히 뛰어야 했습니다. 팔을 올리기 어려울 정도로 어깨가 아프고, 허리까지 두 동강이 날 듯 아파왔지만 이를 악물고 달렸습니다. 어찌나 힘들었는지 그 기억이 지금도 생생합니다.

박수치는 군인들의 행렬이 끝나자마자 다시 걸었습니다. 그 이후에는 오직 완주하겠다는 일념으로 도착할 때까지 하염없이 걸었습니다. 점점 아픔이 쌓이면서 정신도, 몸도 한계가 오는 것 같았습니다. 몸이 자꾸 흐느적거리고 두 눈에는 한 가을 춘천의 아름다운 풍광이 전혀 들어오지 않고 오로지 앞서 달리는 사람들의 뒤통수만 보였습니다.

드디어 피니시를 통과했을 때 가장 먼저 든 생각은 '왔구나, 이제 다시는 마라톤 안 한다'였습니다. 처음 마라톤에 참가해서 완주하면 감격해서 눈물을 흘린다는데, 그런 감격은 전혀 없고 지긋지긋했습니다.

허벅지가 너무 아파서 앞으로 나갈 수가 없는 고통, 온몸이 뻐근하고 무겁고, 쥐가 난 것처럼 다리가 뻣뻣해지는 느낌, 끊어질 듯 아픈 허리, 팔을 전혀 움직일 수 없을 정도로 아픈 어깨…. 마라톤에 참가하고 집에 와서 일주일 동안을 끙끙 앓았습니다.

첫 마라톤을 생각하며 동해시를 달립니다. 어제 중앙일보 마라톤 대회를 마치고 오늘 바로 전국일주 마라톤을 하는 버거움에 무척 지칠 것으로 생각하고 천천히 동해를 즐기면서 기분 좋게 달리려 했는데 역시 컨디션이 좋지 않습니다. 게다가 일찍부터 내리던 비가 도무지 그칠 것 같지도 않습니다. 내리는 비 때문일까? 왠지 서글픈 마음이 들고 안 좋은 기억들이 연이어 생각납니다.

지난해 초 중부고속도로에서 대형 교통사고를 당하고, 6월 아들이 추락사고로 다치고, 10월 식물원 전시관에 큰 화재가 나고…. 마음 아픈 일들이 줄줄이 떠오르며 이런 일들이 이어지니 슬프지 않을 수가 없다는 생각에 눈물이 흘렀습니다.

빗속에서의 눈물은 눈물이 아니라 빗물로 알 테니 누구도 우는 것으로 보지 않을 것이라 생각하면서 한동안 빗속을 울음으로 달렸습니다. 눈물을 흘리며 생각들의 틈바구니를 이리저리 헤매다가 정작 목적지인 동해항을 목전에 두고 길을 잃어 시내를 헤매느라 7~8km를 더 달리고 말았습니다. 런닝셔츠와 팬티만 입은 채 동해역 구내를 이리저리 왔다 갔다 하는 바람에 많은 사람들이 의아한 눈초리로 나를 흘깃거리는 모습을 보았지만 괘념치 않았습니다.

제4일 강릉시 금진리 – 동해시 북평동

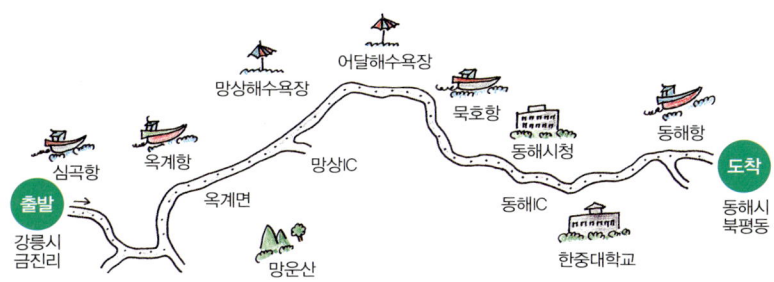

 내 눈꺼풀에 매달린 어머니

    11월 8일. 오늘도 세찬 빗속을 달립니다. 비옷을 입었지만 출발한 지 3분도 안 된 것 같은데 목줄기를 타고 앞가슴 속으로 차디찬 빗물이 흘러내립니다. 심장이 멎을 것 같은 한기를 느끼면서 발걸음을 재촉합니다. 얼른 빗속을 벗어나기라도 할 기세로…

    동해 시내를 철벅거리며 7번국도 삼척 방향으로 남행을 계속했습니다. 삼척 MBC문화방송국 앞까지 약 7km를 달리는 동안 차량들의 경적과 급브레이크 밟는 소리에 몇 번이나 깜짝깜짝 놀랐습니다. '이러다가 몇 발자국 못 가고 어떻게 되는 거 아냐?' 하는 생각에 소름이 끼쳐 왔습니다. 삼척시 오분동 교차로를 지나 옛길로 방향을 틀어 달리니 조금은 수월해졌습니다.

    시원한 바닷바람, 검푸른 파도와 만나자 '이쯤에서는 빗줄기가 더 굵어져도 좋겠는데…' 마음의 여유도 생겼습니다. 잿빛 하늘에서 쏟아지는 비와 검푸른 바다가 오래된 고성의 그림 배경 같았습니다.

    서양에서는 파란색이 오랫동안 폄하되어 왔다지요? 고대 그리스 사람들은 파란색은 진정한 색깔이 아니고 흰색, 검은색, 노란색, 붉은색만이 진정한 색이라고 여겼으며 고대 로마 시대에는 파란색은 야만인들의 것쯤으로 여겼답니다. 하지만 나는 파란색이 좋습니다. 파란색의 중심에는 무언가 희망과 꿈이 있는 것 같아 나는 파란색을 무척 좋아합니다.

    검푸른 바다의 하얀 파도를 보며 언덕길을 달렸습니다. 비를 맞으며

동해시 앞바다

달리는 기분은 마치 내 어깨에 날개가 달려 있는 것 같았습니다. 어제부터 마음이 몹시 울적했는데 푸른 바다 때문인지 오늘은 상쾌한 마음으로 레이스를 마쳤습니다. 전국일주를 마칠 때까지 이 기분이 지속되었으면 하고 소망해 보았습니다.

  숙소에 들어와서 잠을 청하며 잠시 어머니를 생각했습니다. 식물원의 내 숙소에는 어머니 사진이 침대 앞에 걸려 있습니다. 물끄러미 내려다보시는 듯한 모습으로 언제나 내 곁에 계신 어머니! 사실 내 눈꺼풀에는 늘 어머니가 매달려 있습니다. 검고 깡마른 얼굴보다는 하도 일을 많이 해서 거칠어진 손마디가 마치 갈퀴 같은 손, 그 손이 늘 내 눈가를 맴돌고 눈물이 됩니다.

'어머니! 5년여 미루어 오던 전국일주 마라톤 기행을 하고 있어요. 탈 없이 잘 마칠 수 있도록 지켜봐 주세요. 그리고 꼭 완주할 수 있도록 성원해 주세요.'

제5일 동해시 북평동 – 삼척시 근덕면

제6~9일 삼척시-영덕군 115.9km

마라톤은 구상의 시간

 삼척에서 재를 넘고 또 넘고

　11월 9일. 3일째 비가 내립니다. 삼척에서 울진 방향으로 동해안을 따라 계속 달렸습니다. 내리는 빗속에서 바다를 바라보며 달리니 마음까지 바닷물처럼 파래져서 눈앞에 보이는 모든 것이 아름다웠습니다. 바닷길을 굽이굽이 돌고 또 돌아 산등성이에 오르니 옹졸하기만 했던 내 마음이 마치 바다처럼 넓어진 듯했습니다.
　나는 산을 좋아합니다. 실구름 감아 돌 듯 연두색 곱게 피어오르는 봄 산이 좋고, 녹음 우거진 양탄자 같은 여름 산은 가끔씩 뛰어내려 그 푹신한 맛을 느끼고 싶은 충동을 가질 만큼 좋고, 울긋불긋 타오르는 가을 산은 그냥 미치도록 좋았습니다. 그리고 겨울 산, 그곳은 천국입니다. 이가 시리도록 하얀 눈을 온몸을 벗어 버린 채 가슴에 쌓아놓고 윙윙 울어대는 겨울 숲의 울음은 나의 울음입니다.

언제고 어느 때고 산만 바라보고 있으면 내 머릿속은 온통 아름다운 글귀들로 가득 차오릅니다.

단풍으로 붉게 물든 대청봉 산 그림자
대승령 골골마다 한숨이 이네
사방넉자 천막으로 홀로 새는 밤
하늘과 땅 사이 숨소리 하나

설악산 대청봉의 단풍을 따라 오르다 대승폭포에서 야영을 하며 타들어가는 설악의 단풍에 취해 몇 자 적어놓았던 마음의 일부입니다. 내 고향이 충청북도 보은인데 어려서부터 산에서 자랐습니다. 산은 내 놀이터였습니다. 지금도 힘든 일이 있거나 답답할 때는 산에 오릅니다.

내가 다니던 초등학교는 집에서 빨리 걸어도 1시간이 넘게 걸리는 무척 먼 곳에 있었습니다. 학교가 끝나면 친구들과 산길을 뛰며 걸으며 놀았습니다. 강아지풀을 입에 물고 하늘을 보면 별이 보인다고 하여 길가에 난 강아지풀을 뽑아 거꾸로 입에 물고 하늘을 보고 걷다가 논이나 개울에 빠지기도 하고, 쇠똥벌레를 잡아 싸움을 시키기도 하고, 친구들과 큰 민들레꽃 찾기 내기도 했습니다. 큰 민들레꽃이 있는 곳은 어김없이 쇠똥 옆이었고 그곳엔 으레 쇠똥구리가 둥지를 틀고 있었기 때문에 두 가지 놀이는 자연스럽게 함께 이루어졌습니다.

아직 겨울의 찬바람이 물러나기 전에 여린 잎을 바짝 땅에 깔고 짧은

할미꽃 *Pulsatilla koreana* (Yabe ex Nakai) Nakai ex Nakai
4~5월 개화하는 미나리아재비과의 여러해살이풀이다. 산이나 들의 양지에 높이 30cm 가량으로 자란다. 석회암 지대나 무덤 주변에 흔히 나고 전체에 희고 긴 털이 많다. 뿌리는 약용한다.

  목줄기에 다닥다닥 피워내는 민들레의 노란 꽃은 어린이들의 관심을 끌기에 충분합니다. 안타깝게도 요즘 우리가 주변에서 흔히 볼 수 있는 민들레는 서양민들레가 대부분입니다.

  외국에서 목장용으로 사용하는 풀씨나 동물의 사료로 쓰는 곡식 등을 수입해올 때 함께 씨앗이 묻어 들어와 도시나 산골마을 할 것 없이 자리 잡고 시도 때도 없이 꽃을 피우며 살고 있는 것이 서양 민들레입니다. 토종 민들레는 꽃받침(총포)이 위로 향해 있고 서양 민들레는 꽃받침이 아래로 처져 있습니다.

  민들레는 할미꽃, 진달래, 제비꽃과 더불어 우리나라 봄을 상징하는 꽃

황영조 기념 공원

중의 하나입니다. 산과 들의 햇볕이 잘 드는 키 작은 풀밭에서 자라면서 봄철에 노란색 또는 흰색의 꽃이 피며, 아침에 피었다가 저녁이나 비오는 날은 꽃잎을 다뭅니다. 많은 씨가 모여 공처럼 둥근 모양으로 결실을 기다리다가 살랑 부는 가녀린 바람에도 멀리멀리 흩어져 날아다니다가 새 삶의 터전을 잡습니다.

　민들레에 관한 재미있는 전설이 있습니다. 옛날에 어느 왕이 있었는데, 평생 딱 한 번만 명령을 내릴 수 있었습니다. 그는 이것이 하늘의 별 때문이라고 생각했습니다. 별이 너무 미웠던 왕은 딱 한 번의 명령을 이렇게 내렸습니다.

"별이여, 하늘에서 내려와 꽃이 되어라. 내 너를 밟고 다니리라."

명령대로 별은 땅에 떨어져 찬란한 빛을 가진 꽃이 되었습니다. 왕은 양을 몰고 그 꽃을 밟고 다녔습니다. 그 꽃이 바로 민들레라고 합니다.

산에는 무수한 꽃들이 피고 집니다. 사람들은 이름조차 모르지만 들꽃은 제 모양과 빛을 다하며 긴긴 세월 제자리를 지켜왔습니다. 그래서일까 사람들과 함께한 세월만큼이나 많은 사연들이 들꽃에 가득합니다.

삼척의 바닷길에서 비 내리는 재를 넘고 또 넘습니다. 길에 수북이 쌓인 늦가을을 밟으며 달리는 어깨 위로 우수수 가을이 내려앉습니다. 넓은 바다를 바라보며 앞으로는 좀 여유를 가지고 살자고 다짐을 해봤습니다.

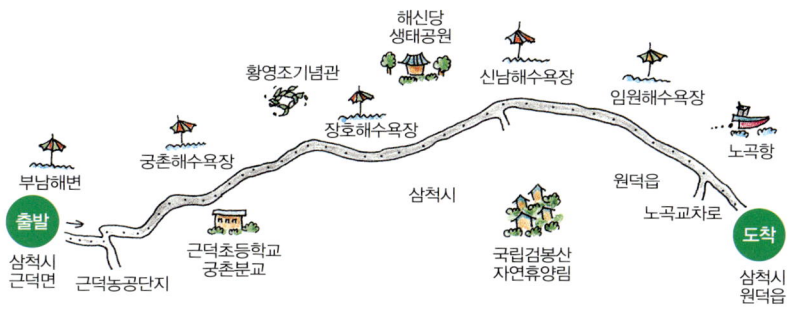

마음을 흔드는 정선 아라리

　11월 10일. 어제 마라톤을 마친 삼척의 노곡교차로에서 수릉마을을 지나 호산교차로에서 좌회전하여 삼척로로 들어섰습니다. 길이 평탄하지 않아서 힘이 들었습니다. 울진까지 달려야 하는데 마음만 급하고 몸이 따라주질 않았습니다.

　처음 전국일주 마라톤 기행의 스케줄을 잡을 때는 코스가 진부, 정선, 태백, 봉화를 거쳐 영덕, 포항으로 연결되었습니다. 하지만 정선, 태백, 봉화에 이르는 길이 너무 험하고 경사가 심해 자칫 초반에 포기할 수 있다는 강박관념에 사로잡혔습니다. 그래서 비교적 무난하면서도 동해 바닷가를 낭만적으로 달려 볼 수 있다는 생각에 강릉, 안인, 동해, 삼척, 울진 노선으로 변경을 했는데 해안 길 역시 만만치가 않았습니다.

　비록 이번 마라톤 코스에는 빠졌지만 나는 정선을 무척 좋아합니다. 〈정선 아라리〉가 좋고, 아우라지 배터가 좋고, 정선의 사람살이가 좋습니다. 가끔씩 우리 꽃과 나무 등 자생식물과 연관된 강의 요청이 있을 때 정선의 아름다운 산세와 잘 어우러진 우리 꽃 얘기를 즐겨하곤 합니다. 정선만 생각하면 청승맞고 서럽기 짝이 없는 데다 철저하게 무저항적인 음조의 〈정선 아라리〉가 목구멍을 타고 입으로 절로 올라옵니다.

　눈이 올라나 비가 올라나 억수장마 질라나
　만수산 검은 구름이 막 모여든다.

얼레지 *Erythronium japonicum* (Balrer) Decne.
3~4월 개화하는 백합과의 여러해살이풀이다. 산속 비옥한 땅에 무리지어 높이 10~20cm로 자란다. 잎자루는 땅속에 있고 지상에는 잎몸만 노출되어 있다.

명사십리가 아니라면 해당화는 왜 피고
모춘삼월이 아니라면 두견새는 왜 우나.
아우라지 뱃사공아 배 좀 건네주게
싸리골 올동박이 다 떨어진다.
떨어진 동박은 낙엽에나 쌓이지
잠시 잠깐 님 그리워서 나는 못살겠네.

지겹도록 긴 겨울이 가고 봄이 와도 봄인 줄 모르다가 뒷산 얼레지, 진달래가 피어나는 것을 보고서야 비로소 봄인 줄을 알게 되는 아라리의 고장 정선. 백두대간을 달려오다 한반도의 대들보 태백산 산악지대에 한 뼘 생활터전으로 자리 잡은 정선은 지리적으로 사람의 접근을 어렵게 하는 첩첩산중입니다.

역사적으로 정선은 고구려의 변방 임매현으로 있다가 신라 진흥왕대에 신라 영토로 귀속된 후 이 고을 저 고을을 넘나들다 지금으로부터 100여 년 전인 1896년 조선말에야 지금과 같은 강원도 정선군이 되었습니다. 정선 여량리 아우라지와 남평리에는 지석묘가 세워져 있어 선사시대부터 사람이 살았다는 것을 알 수 있는데 긴 세월을 살아온 원주민들과 타지에서 흘러들어온 사람들이 조용히 정선을 일궈왔을 겁니다.

정선은 자연생태계의 보고입니다. 이른 봄 양지에 피기 시작하는 복수초, 노루귀, 바람꽃, 얼레지에서부터 늦가을 찬 서리를 머리에 이고 가는 세월을 탓하듯 붉게 지는 꽃향유까지 실로 숨겨진 자원들이 많습니다. 이런 자연 속에서 가난하기는 했지만 마음의 여유를 가지고 살아온 사람들이 정선 아라리의 주인공들입니다.

그들이 오랫동안 불러온 〈정선 아라리〉는 19세기에 활동한 고덕명이라는 사람에 의해 전국적으로 알려졌다고 합니다. 그는 노래를 잘할 뿐만 아니라 노랫말도 잘 지어서 지금까지 전해오는 사랑이나 이별을 주제로 한 아라리는 그의 작사가 많다고 합니다.

그런데 노랫말 중에 '오늘 갈 건지 내일 갈 건지 정수정방 없는데, 맨드라미 줄봉숭아는 왜 심어놨나' 하는 내용이 있는데 봉숭아나 맨드라미는 본래 우리 고유의 수종이 아닙니다. 아마도 오랜 시간 동안 불리면서 가사가 없어지고, 덧붙여지고, 새로 만들어지고 한 것이 아닐까 합니다.

앞 남산 실안개는 산허리를 감구요.
우리 님 두 팔은 내 허리를 감싸네.
정선읍내 일백오십호 몽땅 잠 들여놓고
임호장네 맏며느리 데리고 성마령을 넘자.
아리랑 아리랑 아라리요
아리랑고개 고개로 나를 넘겨주게.

〈정선 아라리〉 속에 남의 며느리를 데리고 줄행랑을 치고 싶다는 노랫말이 부르거나 듣는 이의 가슴을 얄궂게 두드립니다.

제7일 삼척시 원덕읍 – 울진군 울진읍

울주의 산국

11월 11일. 흐린 날씨 속에 어둑어둑한 시야로 7시쯤 울진 시내에 들어서서는 길 찾기에 온통 신경을 쓰느라 좌우를 살피면서 달리고 있습니다.

울진소방서를 지나 울진 버스터미널에서 근남면, 불영사계곡 입구로 가다가 노음교차로에서 좌회전하여 망양정 해맞이공원에 도착해 잠시 숨을 가다듬고 망양리를 지납니다. 옛 망양정터에 산국, 해국이 아름답습니다.

산국 *Dendranthema boreale* (Makino) Ling ex Kitam.
9~11월 개화하는 국화과의 여러해살이풀이다. 산이나 들에 높이 1m 정도로 자란다. 가지가 많이 갈라지며 잎은 깃 모양으로 깊게 자란다. 전초는 약용, 꽃은 향료용으로 쓴다.

감국 *Dendranthema indicum* (L.) DesMoul.
9~11월 개화하는 여러해살이풀이다. 산이나 들에 높이 30~60cm로 자란다. 전체 꽃차례의 지름은 2~2.5cm 정도이며, 산국에 비해 줄기의 색이 짙고 잎이 얕게 갈라진다.

불영사

　산국은 국화과의 여러해살이풀로 60~90cm까지 자라며 잎은 어긋나며 9~10월에 노란 꽃이 피고 식용 또는 약용으로 쓰입니다. 이 꽃에서 추출한 아세틸콜린이란 성분이 치매의 치료와 예방에 사용되며 기억력 증진에도 효과가 탁월하다고 해서 국화차로 많이 마십니다. 그런데 산국과 비슷한 감국이라는 꽃도 있습니다.

　둘이 너무 흡사해서 전문가도 혼란스러울 때가 많습니다. 대체적으로 산국과 감국을 구분할 때는 꽃의 크기를 봅니다. 산국이 감국보다 조금 작습니다. 하지만 생육조건이나 환경에 따라 산국이 감국보다 더 큰 경우도 있어서 정확한 구별이 어렵습니다.

　여기서 간단히 감국과 산국 구별 방법을 밝히자면, 꽃의 크기를 불문하고 화심의 폭보다 꽃잎의 길이가 길면 감국, 짧으면 산국으로 기억하면

쉽습니다. 또 한 가지는 꽃을 따서 입으로 살짝 씹어서 단맛이 느껴지면 감국, 진한 국화향을 느끼면 산국으로 판단할 수 있습니다.

차가운 날씨에 달리기를 끝내니 따뜻한 국화차 한잔이 몹시 그립습니다.

제8일 울진군 울진읍 - 울진군 기성면

 ## 금이 널린 금곡리마을

11월 12일. 오늘은 봉산리 '백사장펜션'에서 출발합니다. 봉산리에서 출발하여 후포리를 지나 동해를 따라 달리면 금음리가 나오고, 이어서 금곡리가 나옵니다. 이 지역은 예전부터 금이 많이 나와 손으로 주울 정도였다고 합니다. 신라 선덕여왕은 이곳에 '유금사'라는 절을 창건했습니다. 금이 많이 나는 마을이라서 그런지 '금음리, 금곡리, 유금천' 등 주변 지명에도 '금'자가 들어갑니다.

금뿐이 아닙니다. 유금사가 있는 산이 칠보산인데, 일곱 가지 보물이 있는 산이라는 뜻입니다. 고려시대에 중국에서 온 사람이 칠보산에 있는 샘물을 마시고 크게 놀라며 '샘물 맛이 특이하니 이 산에는 일곱 가지 보물이 있을 것이다'라고 했는데 이 말을 들은 사람들이 혹시나 하여 칠보산에 올라 보물을 찾아봤다고 합니다. 마을 사람들이 찾은 보물은 '산삼, 더덕, 황기, 멧돼지, 구리, 철, 돌옷'이랍니다. 이것이 중국 사람이 말한 일곱 가지 보물인지는 모르겠지만, 이 지역은 그야말로 온갖 보물이 숨어있는 곳이 아닌가 싶습니다.

금이 널려 있다는 곳을 달렸기 때문인지 병곡중학교를 지나면서 나타나는 고래불해수욕장의 모래가 온통 금빛으로 보였습니다. 고운 모래가 넓게 펼쳐져 장관을 이뤘습니다. 고려시대 말, 목은 이색이 바다에서 하얀 분수를 뿜으며 헤엄치는 고래를 보고 '경정(鯨汀)'이라 이름을 붙였는데, 순 우리말로 하면 '고래불'이 됩니다. 고래불의 '불'은 뻘의 옛

고래불

말입니다.

이처럼 주변의 경치는 이루 말할 수 없이 아름다운데, 나는 즐길 여유가 없습니다. 속으로 '이제 몇 키로 남았지? 아, 지금 몇 시지?' 하는 생각만 가득하고, '이 지역에 무슨 술이 유명한가, 마라톤을 마치면 술이나 한 잔 마시고 편하게 잠자자'라는 생각뿐입니다. 하루 종일 이런 생각만 하고 뛰고 있으니 이러다 전국을 일주하고도 깊이 있는 생각도 못하고 남은 게 아무것도 없으면 어쩌나 싶습니다.

나는 평소 마라톤을 하면서 생각을 많이 합니다.

'내년에는 어떤 품목을 재배해 볼까? 민들레? 그래, 민들레야. 민들레를 적극적으로 심어봐야겠다. 구절초? 그래, 구절초가 더 낫겠다.'

농사일을 하면서 필요한 구상들은 대부분 달리면서 나왔습니다. 내가 농사일로 자생식물 재배를 시작한 때가 1983년입니다. 그리고 10년 뒤 농사를 짓던 농장에 식물원을 조성하기 시작해서 5년 후인 1999년에 일반에 공개를 했습니다.

내게 달리기는 깊은 생각을 할 수 있는 시간입니다. 사무실에 앉아 있으면 업무전화가 걸려오거나 직원과 작업을 의논해야 하는 일이 많으니까 깊이 있는 생각을 할 수 없습니다. 마라톤을 하면 두 시간, 세 시간을 오로지 혼자 뛰니까, 그 시간에는 누구의 방해도 받지 않고 생각에 빠져들 수 있습니다.

그래서인지 중요한 일을 결정하는 순간이 거의 뛸 때였습니다. 농장을 하다가 식물원을 하자는 결정도, 마라톤에 도전하자라는 패기도, 풀코스 마라톤을 100회 뛰어보겠다는 목표도, 지금 하고 있는 전국일주 마라톤 계획도 달리는 속에서 나왔습니다.

나 혼자 두 발로 뛰면서 생각을 정리하는 게 즐겁습니다. 전국일주 마라톤을 하면서 좋은 계획도 세우고 깊이 있는 생각들도 많이 할 생각입니다. 하루하루 뛰면서 하나하나 새로움을 찾아 나간다면 전국을 한 바퀴 돌고난 후에는 무언가가 내 마음속에 남아 있을 거라고 확신합니다. 아니 그러기를 기대합니다.

제9일 울진군 기성면 – 영덕군 병곡면

제10~13일 영덕군-경주시 104.2km
나를 돌아보고 새로운 나를 찾아

 푸른 물결과 함께 달리는 영덕의 블루로드

　11월 13일. 대진항에서 출발했습니다. 동해안을 달리면서 '해파랑길'을 알게 되었습니다. 해파랑길은 동해의 아침, 화랑순례, 관동팔경, 통일기원의 네 가지 큰 테마를 콘셉트로 떠오르는 '해'와 푸르른 바다 '파'와 조사 '랑'을 합쳐서 '떠오르는 해와 푸른 바다를 바라보며 파도소리를 벗으로 함께 걷는 길'이란 뜻이라고 합니다.

　해파랑길은 강원도 고성 통일전망대에서 부산 오륙도까지 동해의 아름다운 해안을 따라 총 10개 구간 50개 코스, 770km 거리에 이르는 걷기 길입니다. 동해안, 숲길, 마을길을 끊이지 않게 연결하는 국내 최장 산책길로 친환경적이면서 이야기가 있는 코스로 만들어 간다고 합니다. 내가 지금 달리고 있는 영덕 일대도 해파랑길에 포함되어 있는 구간이고 정동

진부터 줄곧 해파랑길을 따라 달린 셈입니다.

영덕 지역의 해파랑길을 '블루로드'라 부릅니다. 고래불해수욕장부터 축산항을 거쳐 영덕 대게공원까지 64.6km의 산책코스가 아름답게 조성되어 있습니다. 참고로 강원도 지역의 해파랑길 200여 km는 '낭만가도'라 불립니다.

아침 6시부터 떠오르는 태양과 파란 바닷물과 바람과 내 숨소리가 부딪히는 소리를 들으며 달립니다. 16~17km쯤 달렸을 때 창포리라는 마을이 나옵니다. 해변을 따라 흐르듯 내달리던 내리막길 오른쪽이 창포리입니다. 옛날 이곳에 창포가 많았나 봅니다.

창포는 연못이나 도랑가 습한 곳에서 자라며 키는 30~40cm 정도 됩니다. 뿌리, 줄기는 옆으로 길게 뻗고 마디가 많으며 몸 전체에서 독특한 향기가 납니다. 옛날 민간에서는 단옷날 창포를 넣어 끓인 물로 머리를 감고 목욕을 하는 풍습이 있습니다. 또한 뿌리, 줄기를 방향성 건위제로 사용합니다. 창포와 더불어 꽃창포라는 식물도 있는데 두 집안이 조금은 다릅니다. 꽃창포는 도로변 조경이나 공원 조성용으로 많이 쓰입니다.

창포리에 가면 산등선을 따라 풍력발전기가 보입니다. 영덕읍이나 강구항에서 블루로드 코스를 따라 올라가면 풍력발전기를 가까이서 볼 수 있습니다. 특이하게도 풍력발전단지 안에 윤선도의 시비가 있습니다. 〈어부사시사〉 때문에 윤선도 하면 보길도가 떠오르는데, 산 위 풍력발전단지에 윤선도의 시비가 있는 것이 의외입니다. 어떤 사연이 있는 걸까요?

윤선도는 병자호란 때 왕을 보필하기 위해 남한산성으로 달려갔습니

꽃창포 Iris ensata var. spontanea (Makino) Nakai
6~7월 산과 들의 습기 많은 곳에서 자라는 높이 1m 가량의 여러해살이풀이다.
바깥 꽃잎 가운데무늬가 노란색을 띤다.

다. 그러나 중간에 왕이 이미 적에게 항복했다는 소식을 전해 듣습니다. 이에 크게 실망하여 되돌아갔는데, 전쟁이 끝난 뒤 조정에서는 이 일을 두고 임금을 모시지 않았다 하여 죄를 물어 영덕으로 귀양을 보냅니다. 억울한 귀양살이를 하게 된 윤선도는 고불봉(高不峯)에 자주 올랐는데 이런 시를 남겼습니다.

봉우리 이름이

높은데 높지 않다는 고불봉이라
듣는 이 모두가 괴상하다고 하지만
늘어선 봉우리 중 가장 높고, 특출하네.

어디에 쓰이려고
그렇게 구름 위에 뜬 달을 쫓아
홀로이 외롭게 솟았나.

아마 좋은 시절 만나서

한 번 쓰일 때는

저 혼자 하늘을 떠받치는 기둥이 되리.

실제로 고불봉은 높이 235m로 높지 않은 산이지만 풍력발전단지와 동해바다가 한눈에 보이는 멋진 전망을 선사합니다. 윤선도의 시에 나오는 '하늘을 떠받치는 기둥'이 어쩌면 지금의 풍력발전기를 말한 것일지도 모른다는 이야기가 있습니다.

오늘 마라톤 후에 덕성리의 '기청산식물원'에 가보았습니다. 기청산식물원은 자생식물 중심으로 다양한 종을 보존하고 있는 식물원으로 특히 울릉도 자생식물 보존과 보호에 남다른 열정을 보이고 있는 곳입니다. 식물원을 둘러보고 강기호 사무국장과 가까운 횟집에 들러 물회 한 사발을 뚝딱 해치웠습니다. 항상 오늘만 같았으면….

우리나라 식물의 자연스러운 모습을 볼 수 있는 생태식물원

 **대한민국 제1호 사립식물원**

11월 14일. 오늘은 영덕 하저리에서 포항 청하면 청진교회 앞까지 달렸습니다. 전국일주 마라톤을 시작한 지 벌써 2주가 되었습니다. 몇 년 전부터 생각만 해오던 전국일주 마라톤을 단행할 수 있었던 직접적인 계기는 지난 10월 식물원의 화재 때문이었습니다.

10월 9일 한글날 깊은 밤, 나는 식물원 안에 있는 숙소에서 잠을 자다가 어렴풋하게 '탁탁' 하는 소리에 잠에서 깼습니다. '비가 내리나?' 원래 새벽 5시면 잠에서 깨는데 그날은 눈을 뜨자 벌써 밖이 훤했습니다.

한국자생식물원의 소나무 숲속의 산수국 군락

그때 식물원 직원들 아침식사를 준비하는 아주머니 목소리가 다급하게 들려왔습니다.

"원장님!"

무슨 일인가 싶어 속옷만 입은 채 서둘러 숙소 밖으로 나가보았습니다. 숙소에서 100m쯤 떨어진 전시장 건물이 불에 활활 타고 있었습니다. 눈앞에서 붉은 화염이 넘실거립니다. 바로 화재신고를 했지만 순식간에 거대한 건물 전체가 전소되고 말았습니다. 전시장은 세미나실, 영상자료실, 식물전시실, 판매장, 창고 등이 있는 식물원의 주요 건물입니다. 소방서, 경찰서에서 조사를 하더니 화재원인이 누전이라고 했습니다. 하룻밤에 십 년 이상 공들인 곳이 다 재가 되자 허탈한 심정이 이루 말할 수 없었습니다.

목조 건물이라 화재에 취약했습니다. 건물을 지을 때 화재보험을 알아봤지만 목재건물이라고 거절당했습니다. 쓰린 마음으로 건물 잔해를 치웠습니다. 식물원을 복원하고 보수하기 위해 긴 시간 문을 닫아야 했습니다. 또 본격적인 공사를 하려면 다음해 봄까지 5, 6개월을 기다려야 했습니다. 망연자실하여 멍해진 머리에 문득 이 기회에 전국일주 마라톤을 해보자는 생각이 들었습니다.

처음 마라톤을 시작할 때 목표는 마라톤 풀코스 100회 완주였습니다. 그 목표를 2006년에 이뤘습니다. 그 다음 목표가 전국일주 마라톤이었습니다. 풀코스 마라톤은 국내, 국외에 수많은 대회가 있고 하루면 끝나기 때문에 시간을 내어 참가하면 되지만 전국일주 마라톤은 대회도 없고, 몇 달이 걸리고, 해본 사람을 찾을 수 없고, 코스가 있는 것도 아니라서 아무 사전 정보도 없이 모든 계획을 나 혼자 세워야 했습니다.

식물원이 봄부터 가을까지는 쉼 없이 문을 열어야 하고, 겨울에는 마라톤을 하기에 날씨가 너무 좋지 않으므로 출발 시기를 잡기도 애매했습니다. 결국 이런저런 고민 끝에 식물원 문을 닫는 겨울 시즌에 도전하는 걸로 생각을 굳혔습니다. 원래 식물원이 10월 31일에 문을 닫고 그 이듬해 3월 개장을 합니다. 그러니 11월부터 2월 사이에 전국일주 마라톤을 마치겠다는 계획이었습니다.

그런데 올해는 해야지 하면 무슨 일이 생기고, 내년에 해야지 하면 또

대한민국 제1호 사립식물원 한국자생식물원 갤러리

무슨 일이 생기고 그러면서 4, 5년이 훌쩍 흘렀습니다. 주변에서도 내가 전국일주 마라톤을 내년에 하겠다 하고 못하고, 또 내년에는 하겠다 하고 못하니까, '그렇지, 그게 하기 쉬운가? 그건 나도 해보고 싶은 거다'라는 말이 나왔고, 나는 말뿐인 사람이 되어 버리고 말았습니다.

그렇게 계획을 세워 놓고 수포로 돌아가기를 몇 년 반복하는 중에 식물원에 화재가 난 겁니다. '아, 어쩌면 이 화재가 나한테 전국일주 마라톤을 할 수 있는 기회를 주는 것일 수도 있겠구나. 그래, 이참에 11월 1일부터 시작을 하자'고 생각하며 그날부터 하루에 20km씩 뛰는 연습을 했습니다. 그리고 식물원 직원들이 당시에 15명이었는데, 식물원에 근무하는 대신 마라톤 스태프를 하고 싶은 사람이 있는지 물어서 5명의 희망자를 뽑았습니다.

식물원 전시장이 전소되어 처음에는 무척 맘이 쓰렸지만 내가 갈망하는 마라톤을 하는 비용을 지불했다 생각하자고 아픈 마음을 위로했습니다. 사실은 마라톤을 하면서 아쉬움을 털어버리고 싶었습니다. 또 새로운 계획을 세울 수 있는 계기가 되었으면 했습니다.

우리 식물원이 수목원 조성 및 진흥에 관한 법률에 의한 대한민국 제1호 사립식물원입니다. 그런데 지금은 전국적으로 수많은 식물원이 생기면서 경쟁이 심화되고 있습니다. 이런 시점에 전국일주 마라톤을 하면서 다른 식물원들과 경쟁해서 이기려는 아이디어 대신 식물원을 한 단계 발전시킬 수 있는 새로운 패러다임을 찾고 싶었습니다. 더불어 앞으로 어떻게 하면서 나머지 삶을 보람으로 잘 가꿀 수 있을까 깊이 성찰하고 싶었습니다.

제11일 영덕군 영덕읍 – 포항시 청하면

포항의 아름다운 물결과 물길

11월 15일. 감기 탓인지 출발지점에 서 있는 몸이 으슬으슬 춥습니다. 출발 후 5km 정도는 두꺼운 패딩 점퍼를 입고 뛸 생각을 하고 칠포해수욕장을 향하는데 의외로 약간 내리막길 3km를 달리니 이내 몸이 더워지고 땀이 맺히고 숨쉬기도 퍽 편해졌습니다. 5km 지점 칠포해수욕장 입구에서 재킷을 벗고 20km 지점까지 편안한 마음으로 달렸습니다.

7시가 넘으며 바닷길 옆 숲 속에서는 새들의 노랫소리가 싱그럽게 파

하늘나리 *Lilium concolor* Salisb.
6~7월 개화하는 여러해살이풀이다. 산과 들의 습한 땅에 높이 70cm 가량 자란다. 줄기는 곧게 서고 잎이 짙은 녹색을 띤다. 꽃이 선홍색으로 짙고 하늘을 보고 피어서 하늘나리라고 한다.

도소리와 잘 어울려 들려왔습니다. 먼동이 트면서 바다가 붉게 타오르는 모습이 감동 또 감동으로 다가옵니다. 이제 며칠 후면 남해안의 아기자기한 국토의 속살을 맘껏 즐기리라. 갑자기 마음이 조급해져 왔습니다.

포항시내로 들어서자 출근하는 직장인들과 등교하는 학생들 물결이 조금은 지치게 했지만 그들의 일상 속에 달리는 내가 섞여 있는 모습도 괜찮아 보여 긴 시간이지만 지루하지는 않았습니다. 정포은도서관 앞에서 한숨 돌리고 물도 한 모금 마시고 형산교로터리를 향해 달립니다. 그런데 시내 한복판에 화강암을 잘 조각해 물길을 예쁘게 만들어 놓은 것을 따라가 보다가 그만 길을 잃어 한 시간 가까이 도심을 헤맸습니다.

세계문화유산 경주 양동 한옥마을

 커다란 바람구멍 같은 형산강둑

　11월 16일. 새벽의 형산강 바람이 몹시 찹니다. 포항시내 형산강 둑길을 따라 경주시 국당리로 연결되는 길은 마치 뻥 뚫린 커다란 바람구멍 같습니다. 3km 정도 밖에 안 달렸는데 볼이 시리다 못해 아프고 장갑 낀 손도 아리고, 콧물은 빗물처럼 흐릅니다.

　어금니를 꽉 깨물고 국당리 입구까지 세차게 달리고 나니 몸에 온기가 좀 퍼졌습니다. 국당리부터는 왕복 2차선 도로에 걸맞지 않게 대형 차량인 트레일러, 덤프트럭 등의 통행이 너무 잦았습니다. 한껏 도로 구석으로 몸을 잔뜩 웅크린 채 뛰지만 대형 차량이 지나가면 몸이 휘청휘청 출렁거렸습니다.

　3시간을 넘게 27.4km를 달려 경주시 용강동 청구아파트 앞에서 스태프를 만났습니다. 전국일주 마라톤에는 5명의 식물원 직원이 스태프가 되어 나를 도와주었습니다. 강릉까지의 구간은 평소 많이 뛰던 곳이기 때문에 스태프 없이 혼자 마라톤을 했지만, 그 이후에는 스태프의 존재가 꼭 필요했습니다. 스태프는 내가 달리는 코스에 도착해서 혹시 있을 사고에 대비하고, 중간에 필요할 경우 음료를 제공합니다. 또 한 코스를 마치면 다음 코스를 나와 함께 사전에 차로 답사하며 점검합니다.

　전국일주 마라톤을 계획하며 직원들에게 식물원에서 근무하는 대신 마라톤 스태프를 할 사람이 있거든 지원하라고 했습니다.

"놀면서 공짜로 전국일주하고 좋지."

　스태프를 하겠다는 직원들에게 말은 그렇게 했지만 함께해 주겠다고 나서니 고마운 마음이 컸습니다. 식물원에서 경주까지는 김민하 판매관리팀장과 식물관리팀 박명수 씨가 2인 1조로 투입되었습니다. 스태프는 구간별로 2명씩 한 조를 이뤄 교대했습니다.

　오늘도 힘들게 마라톤을 마치고 차에 앉아 늘어진 몸을 사탕 하나와 물 한 모금으로 추스르며 물명태 같은 멍한 눈으로 밖을 보는데 웬 아주머니가 어린아이와 함께 차 안을 들여다보는 것 같은 느낌이 들었습니다.

신라왕국의 한이 서린 포석정

"뭐야? 왜 남의 차 안을 보는 거야? 어? 누구야? 해은이 딸 효이! 네가 여기 웬일이냐? 그렇지 않아도 몹시 보고 싶었는데. 우와, 효이야! 무척 반갑고 고맙다."

오늘 김민하 팀장과 손유정 팀장이 스태프 교대를 위해 오기로 되어 있는데 청주 효이네 집에 들러 함께왔다는 얘기였습니다. 내가 예뻐하는 효이의 깜짝 이벤트였답니다. 효이는 전에 식물원에 다니던 직원 손해은 씨가 낳은 딸로 나와 61년 차이가 나는 소띠 동갑입니다. 61년의 차이! 생각만 해도 어지러운데 그 예쁜 얼굴을 보면 더 어지럽습니다.

사실 경주에 도착하기 전까지는 전국일주 마라톤을 한다는 말을 마라톤 동호회에도 하지 않고, 주변 지인들에게도 하지 않았습니다. 혹시 부산도 못가서 중간에 포기하면 창피해서 어쩌나 싶어 남해안쯤 가서 소문을 내자는 마음이었습니다. 그러다가 결국 외로움에 못 이겨 경주에 도착할 무렵 100회 마라톤 클럽 이문희 회원에게 연락을 했습니다.

이문희 회원은 나를 만나러 경주에 도착했고, 내일 하루 동반주를 해주겠다고 하여 내 가슴을 뭉클하게 했습니다. 무겁던 발걸음이 내일 하루는 무척 가벼울 것 같습니다.

저녁에는 효이네 식구, 이문희 회원 내외, 그리고 식물원 식구들이 함께 모여 토함산 기슭의 닭 요리 집에서 막걸리와 소주로 흠뻑 즐겼습니다.

제13일 포항시 남구 - 경주시 용강동

제14~18일 경주시-거제시 131.8km
4,219.5km를 넘어

 ## 마라톤 100회와 100회 마라톤 공원

11월 17일. 경주시 용강동에서 울주군 두서면까지 22.1km를 100회 마라톤 클럽 이문희 회원과 함께 뛰었습니다. 2시간 40여 분의 마라톤을 마치고도 하프를 한번쯤 더 뛰어도 괜찮을 듯 힘이 넘쳤습니다.

100회 마라톤 클럽은 1999년에 마라톤 아마추어들의 모임에서 시작했습니다. 일생 동안 마라톤 공식대회의 풀코스를 100회 이상 완주하자는 목표를 가진 이들의 모임입니다.

기록에 의하면 처음으로 풀코스 마라톤을 100번 완주한 사람은 1955년생인 박용각 씨입니다. 나는 2006년에 철원DMZ 마라톤대회에서 100번째 풀코스 완주를 했습니다. 2000년 조선일보 춘천마라톤 이후로 6년 만에 이룬 성과입니다. 마라톤 풀코스 100회 완주의 목표를 세워 놓고는 그야말로 미친 듯이 뛰었습니다. 어떤 해에는 1년에 35회나 달렸으니 여름 겨울 빼고는 거의 매주 마라톤 대회에 참가했습니다.

2006년에 우리 식물원에 '100회 마라톤 공원'을 준공했습니다. 100회 마라톤 공원은 풀코스 마라톤을 100회 이상 완주한 아마추어 마라토너들을 기리기 위한 명예의 전당으로, 한국자생식물원 안의 잔디밭 2천여 평에 조성했습니다. 이 공원에 100회 완주를 한 사람들의 이름을 동판에 새겨놨습니다. 지금까지도 공식 마라톤 대회에서 풀코스 마라톤 100회를 달린 사람이 연락을 해주면 동판에 이름을 새깁니다. 우리 식물원은 또 100회 마라톤 공원에서 '100회 마라톤 대회'를 개최하고 있습니다. 대회 참가 자격은 마라톤 풀코스를 100회 이상 달린 사람들로 제한하고 있습니다. 100회 마라톤 대회 코스는 내가 항상 달리던 오대산국립공원입니다. 우리 식물원에서 월정사 입구를 지나 평지로 4km를 달린 후 반환점까지 계속 오르막길입니다. 15km 지점까지는 완만한 언덕이고 그 이후에는 급경사의 오르막이 나타나 마라토너들을 괴롭힙니다. 해발 고도 평균 600m에서 가장 높은 지점이 1,328m입니다. 이 대회에는 해마다 많은 마라토너들이 참가하여 의미 있는 시간을 보내고 갑니다.

제14일 경주시 용강동 – 울산시 울주군

개가 많아서 다개리마을?

11월 18일. 오늘은 꽤 많은 비가 내립니다. 늘 그렇지만 달리는 중간에 비를 만나면 땀도 식힐 겸 부담 없이 달릴 수가 있어 좋지만 출발 전부터 내리는 비는 피하고 싶습니다. 비를 맞으며 컴컴한 7번국도를 따라 언양 쯤에 다다랐을까. '다개리'라는 마을 이정표가 보였습니다.

'다개리? 이름이 좀 이상하네.'

무슨 의미인지 궁금해 하며 조금 더 달리다 보니 길옆으로 애완견 훈련소가 있고 묶여 있는 수많은 개들이 너 오기만을 기다렸다는 듯 한결같이 크게 짖어대고 있었습니다. 마을 이름도 좀 그런데다가 실제로 수십 마리 개가 짖어대니 마을에 개가 많아서 다개리인가 싶어 마을 이름이 좋지 않다는 생각을 했습니다.

마을 이름이 내 마음에 들고 안 들고가 무슨 상관이랴. 하기야 그러고 보니 우리 꽃 중에도 개불알꽃이라는 것이 있습니다. 예쁜 꽃에 비해 이름이 너무 천박하고 입에 올리기에 민망한 구석도 있으니 복주머니꽃이라고 부르자는 운동을 지금은 고인이 되신 식물학자 이영노 박사가 강력히 추진한 적이 있습니다.

개불알꽃은 그 모양이 독특하여 이 같은 이름을 얻었는데 이모저모 자세히 관찰해보면 참으로 오묘하여 개의 불알이 아니라 마치 사람의 그것

개불알꽃 *Cypripedium macranthum* Swartz
5~6월 개화하는 여러해살이풀이다. 비교적 높은 산지의 반그늘에 나며 높이 30~40cm 가량 자란다.
과거 미색복주머니란, 분홍복주머니란, 왕복주머니란 등은 모두 복주머니란의 색상 변이로 정리되었다.

처럼 생겼습니다. 지방에 따라 부르는 이름이 다르기도 한데 경상도 내륙 지방에서는 까마귀오줌통이라고 하고, 강원도 정선지방에서는 그저 불알꽃이라 부르기도 합니다. 개불알꽃은 식물 전체에서 심한 지린내가 납니다. 그렇기 때문에 개불알꽃이란 이름을 얻게 되었습니다.

　나는 예전부터 불려오던 정겨운 이름인데 이름이 나쁘다고 좋은 이름으로 바꾼다면 중대가리, 며느리밑씻개, 미치광이풀, 개불알풀, 홀아비꽃대, 광대나물, 송장풀 같은 것은 어쩔 거냐며 기를 쓰고 극구 반대했던 기억이 나서 한번 웃었습니다.

홀아비꽃대 *Chloranthus japonicus* Siebold
5~6월 개화하는 홀아비꽃대과의 여러해살이풀이다. 숲 속에 높이 20~30cm로 자란다.
줄기 윗부분에 보통 4장의 잎이 2장씩 마주나지만, 아주 가까이 붙어서 돌려나기 잎처럼 보인다.

'그래 이름이야 어떤가. 처음의 그 이름에 무슨 연유가 있었으니 지었겠지.'

잠시라도 마을 이름을 바꾸는 게 좋겠다는 생각을 했던 내 마음속의 이중적 생각이 마음에 걸렸습니다. 오후에 언양군 두서면사무소에 전화를 해서 다개리마을 이름의 유래를 문의했는데 한자로 '茶開里'라 한답니다.

"차 다(茶)자에 열 개(開)자로 우리나라에서 차를 제일 먼저 재배했다고 해서 마을 이름을 다개리라고 합니다."

면사무소 직원의 설명을 듣고는 마을 이름이 좀 그렇다고 속으로 투정했던 것이 민망했습니다. 다개리 주민 여러분 죄송합니다.

 거제의 벽해에서 소주샤워를

 11월 19일. 새벽 5시 50분부터 추적추적 비가 내리는 양산시 하북면 백학새동네길 7번국도 캄캄한 길을 철퍽거리며 달립니다. 아니 암흑 속을 달립니다.
 오늘 점심 식사는 거제도 '벽해'에서 집 구경을 겸해 하기로 약속을 했던 관계로 평소보다 1시간 일찍 달리기를 시작했습니다. 벽해는 한국자생식물원 개원 초창기에 많은 고생을 한 직원 홍혜아 씨가 신축한 집의

미치광이풀 *Scopolia japonica* Maxim.
4~5월 개화하는 가지과의 여러해살이풀이다. 깊은 산의 계곡 주변에 높이 30cm 가량 자란다.
전체에 털이 없으며 연하다. 뿌리와 잎은 약용한다.

옥호입니다.

　너무 일찍 출발해서 가로등도 별로 없는 시골길 암흑 속을 아슬아슬하게 곡예를 하다시피 15km를 넘게 달렸습니다. 고여 있는 빗물을 안 밟으려고 옆으로 살짝 피했건만 어느새 철썩 흙탕물 세례를 온몸에 받는가 하면 철재 빔을 가득 실은 기차만큼이나 긴 트레일러가 '슈웅' 바람을 일으켜 몸뚱아리를 내던질듯 흔들어 놓고 지나가고 심술궂은 어떤 기사는 뒤에 바짝 붙어서는 경음기를 '꽝' 누르는 바람에 혼비백산 다리에 힘이 쭉 빠져 그냥 그 자리에 한참을 멍하니 서 있어야 할 때도 여러 번 있었습니다.

　부산 가까이 와서야 자전거 도로로 편안하게 달릴 수 있었지만 장딴지가 욱신거리고 발가락엔 물집이 잡히고 발바닥도 아프고 온몸이 고장난 기계처럼 털털거리는 느낌입니다. 4시간 가까이 걸려 예정된 28.9km를 달리고 다음 코스를 가덕도 거가대교 자동차 전용도로 입구까지 27.5km로 정해 놓고 거제도로 가서 집 구경은 건성건성하고 새로 지은 예쁜 집 거실에서 벽난로에 몸을 녹이며 맛난 굴 안주로 소주샤워를 하고 달콤한 휴식을 즐겼습니다.

제16일 양산시 하북면 - 부산시 북구

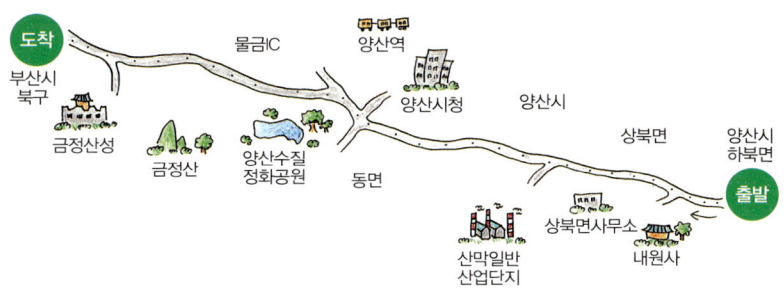

낙동강 오리알

　11월 21일. 오늘은 식물원을 출발한 후 여태껏 달린 어느 길보다 평탄하고 교통방해 안 하고 안 받고 부산 낙동강 하구 둑길을 맘껏 달리는 코스입니다. 반갑고 또 흥이 날 법도 하지만, 기분만 그럴 뿐, 몸 상태는 말이 아닙니다. 심하게 물집 잡힌 발을 치료하느라 하루를 쉬었지만 부르튼 발은 그대로이고 이젠 허리에서 허벅지까지 안 아픈 곳이 없습니다. 결국 오늘의 목적지 거가대교 입구 3km를 남겨 놓고는 시내 구경하며 하염없이 걸었습니다. 낙동강변을 걸으니 낙동강 오리알이란 말이 생각났습니다.

　'낙동강 오리알'은 어떤 무리에서 떨어져 나와 홀로 처량한 신세로 남겨진 일종의 왕따를 의미하는 말로 알고 있습니다. 6·25전쟁이 한창이던 1950년 8월 4일 낙동강 변 낙동리에 배치된 국군 제1사단 12연대 11중대 앞에서 1개 대대 병력의 인민군이 낙동강을 건너 부산으로 진격하기 위한 필사적 공격을 하고 있었습니다. 이때 유엔군 전투기에서 네이팜탄을 수없이 퍼부어 인민군

솔나리 *Lilium cernuum* Kom.
7~8월 개화하는 여러해살이풀이다. 높은 산에 높이 30~70cm 가량 자란다. 잎이 솔잎 모양을 한데서 유래한 이름이다.

진지를 불바다로 만들어 버렸다고 합니다. 그때 항공기에서 떨어지는 포탄을 보고 중대장이 "야! 낙동강에 오리알 떨어진다!"고 소리쳤다고 합니다.

그 후로 낙동강 오리알은 국군들 사이에 북한 인민군을 조롱하는 뜻으로 널리 사용하였다고 합니다. 낙동강 변을 달리다 보니 부산 강서구 가락중학교 근처에 '낙동강 오리알'이라는 오리전문 음식점이 있는데 그 집의 오리탕 맛이 일품이었던 기억이 났습니다. 오리알도 생각이 나고 '낙동강 오리알'이란 오리탕 집도 생각나고….

부산 가덕도까지 달린 거리가 451km. 여기까지 오는데 21일이 걸렸습니다. 새벽에 국도를 달리고 있기 때문에 교통사고 위험에 갈수록 불안하기도 하고 국토종단 울트라 마라톤 대회에 참가하여 달리던 중 교통사고로 세상을 떠난 마라톤 선수도 불현듯 생각이 나서 부산에서 야광 조끼를 하나 샀습니다. 형광 빛 원단에 야광 줄무늬 3개가 죽죽 그어진 조끼입니다. 이제 내일부터는 맘 놓고 달릴 수 있을 것 같아 내심 흐뭇했습니다.

제17일 부산시 북구 – 부산시 강서구

거가대교 앞에서 테리 폭스의 용기를 되새기다

11월 22일. 거가대교 입구에서 달릴 준비를 합니다. 몸을 움직일 때마다 뼈마디가 뚜두둑 부러질 것 같은 느낌입니다. 스트레칭으로 몸을 풀어도 풀리지 않고 오늘 하루 어떻게 달려야 할지 막막합니다. '이게 무슨 사서 고생이냐?' 싶은 마음도 들었습니다. 며칠 전부터 입안이 헐어 맵고 뜨거운 것을 먹기가 힘들어 견딜 수가 없습니다.

내가 전국일주 마라톤 기행을 해보자는 목표를 갖게 된 계기는 '테리 폭스'라는 마라토너의 영향도 컸습니다. 캐나다 최고 영웅 테리 폭스는 19세 어린 나이에 암으로 오른쪽 다리 절반을 잃었습니다. 그가 다리 절단 수술을 하기 하루 전 농구 코치가 문병을 왔습니다(취미로 농구를 즐겼음). 코치가 마라톤 잡지를 가져다 줬는데, 기사 중에 두 다리를 잃고도 휠체어를 타고 뉴욕 마라톤대회에 참가한 한 마라토너에 대한 이야기가 실려 있었습니다. 테리 폭스는 그 기사를 읽고 크게 감명을 받았습니다.

그는 수술 후에 용기를 내어 자신처럼 암으로 고통 받는 사람들을 위해 모금 운동을 하게 됩니다. 한쪽 다리를 잃은 불편한 상태로 캐나다 대륙횡단에 도전한 겁니다. 2년여의 준비기간을 거쳐 매일 42km씩 143일 동안 5,374km를 달리면서 많은 기금을 모았지만 정작 처음 계획했던 8,400km를 다 달리지 못하고 중간에 암이 폐로 전이되어 세상을 떠났습니다.

암을 이기기 위한 기금 마련은 물론 많은 암 환자들에게 희망의 빛을 준 희망 마라톤이 세계적으로 전파되는 계기를 만든 테리 폭스! 20대 초

털부처꽃 *Lythrum salicaria* L.
6~9월에 개화하는 부처꽃과의 여러해살이풀이다. 산과 들의 개울가 습지에서 자란다.

반의 젊은 나이에 한쪽 다리를 잃고 큰 희망을 만들어 낸 테리 폭스는 참으로 존경하지 않을 수 없는 인물입니다.

나는 온전한 몸으로 겨우 20여 일을 그것도 하루에 20km 남짓 달렸을 뿐인데 몸뚱어리는 만신창이가 된 느낌이고 몰골 또한 한심스러웠습니다. 테리 폭스를 떠올리며 두 다리에 다시 힘을 줬습니다. 그리고 이번에 동해안을 거쳐 남해안, 서해안으로 남한 일주를 한 후 내년이고 후년이고 기회가 되면 북한 땅도 한 바퀴 돌아서 진정한 전국일주를 해보겠다는 새로운 마라톤 목표를 세웠습니다.

제 2 부

남해안에서
서해안으로

제19~21일 거제시-사천시 79km
제22~24일 사천시-순천시 71.9km
제25~26일 순천시-장흥군 52.9km
제27~29일 장흥군-무안군 82.5km

제19-21일 거제시-사천시 79km
어머니와 동행하는 행복한 길

동해에서 떠오른 최악의 마라톤

11월 23일. 거제시 사등면 성포중학교 입구에서 7시 25분에 출발합니다. 비가 많이 내려 한 시간이나 출발을 늦춰야 했습니다. 오늘 코스는 대부분 국도 4차선 도로를 가야 하는 어려운 행군으로 마치 자동차 경주를 하고 있는 듯한 도로 위를 아슬아슬하게 달려갑니다.

시도 때도 없이 대형차량들이 갓길을 달리는 내 옆으로 획 지나가면 몸 전체가 휘청거리고 입안이 바짝바짝 마릅니다. 마구 달리는 차들도 무서운데 군데군데 가드레일이 크게 찌그러진 곳이 나타나 1km 달리는데 몇 번씩 피해 가야 했고, 파손된 차량의 잔해들도 치우지 않아 도로에 널브러져 있어 무척 위험했습니다.

도로 상황을 살피노라면 어느새 차들이 싱싱 바람을 일으키며 곁을 스

거북선을 건조 중인 너와나조선소

쳐 지나갑니다. 커다란 트럭이 내게로 돌진해 올 것 같은 불안감이 온몸을 휩쌉니다. 물집이 심해진 발가락은 터져서 쓰라리고, 허리도 아프고 다리도 당겨옵니다. 이제 남해를 달리기 시작했는데 이런 상태로 서해를 볼 수 있을까 싶습니다.

'아, 오늘 최악인데…. 더 이상 못 갈 거 같아.'

마라톤에는 데드 포인트(dead point)가 있습니다. 마라톤 중에 고통이 최고조에 이르는 시점을 말합니다. 숨이 막히고 온몸이 아파오며 더 이상 달리기를 할 수 없는 순간을 맞게 되는데, 보통 32km쯤 되는 지점이라고 합니다. 사람마다 다르고 뛸 때마다 다르지만 마라톤을 하면 한번쯤 이런 죽을 것 같은 경험을 자주 하게 됩니다. 나는 100번도 넘는 수많은 마라톤 대회에 참가했습니다. 그중에서 보스턴 마라톤 대회는 최악 중의 최악이고, 죽을 것 같은 순간을 경험했습니다.

그날은 2003년 4월 21일이었습니다. 날씨가 몹시 더웠습니다. 출국 하기 전에 출전을 해본 친구들의 말이 보스턴 마라톤 대회일은 춥지도 덥지도 않은 딱 달리기 좋은 봄 날씨에 코스도 좋다 하여 내심 기뻤습니다. 어금니 꽉 물고 힘껏 달리면 새로운 기록도 이룰 수 있다는 기대감에 서울에서 출발할 때부터 무척 흥분해 있었습니다. 당시 나의 최고기록은 3시간 26분 23초로 국내 대회에서의 기록 경신보다 의미 있을 것이란 생각에 멋진 레이스를 한번 펼쳐 보자고 다짐하고 또 다짐했습니다.

대회 당일 아침 일찍 일어나 번호표와 기록 측정용 스피드 칩, 입을 옷과 운동화를 챙겼습니다. 혹여 운동화에 모래알이라도 하나 들어 있으면 달리다 멈춰서 그걸 해결하는데 적어도 2~3분은 허비할 것 같다는 생각에 털고 또 털었습니다. 그래도 미심쩍어 입을 운동화에 바싹 대고 이마에 힘줄이 돋을 정도로 후후후 불어대기도 했습니다. 물론 아침 식사도 찰밥에 파워젤까지 곁들여 기분 좋을 정도로 먹었습니다.

만반의 준비를 하고 시작만을 기다리고 있었습니다. 그때 같이 참가한 이문희 회원이 무슨 한약 같을 것을 권해 주었습니다.

"형님, 이거 하나 드시고 뛰시죠. 공진단이라는 건데 훨씬 좋은 기록 내실 수 있을 거예요."

"한 번도 먹어 본 경험이 없는데 괜찮을까?"

"아, 이거 아무 문제없어요. 저는 대회 때마다 이것을 먹고 달리는데 힘도 덜 들고 다리가 쭉쭉 나간다니까요? 다른 대회 같으면 형님께 이거 안 드리는데 특별히 보스턴 대회니까 좋은 기록 내시라고 드리는 거예요."

먹어본 적 없는 약이라서 망설여지기도 했지만 이문희 회원이 늘 먹던 거고, 기록 욕심도 있었기 때문에 마치 청심환 같이 생긴 알약을 입에 넣고 꾹꾹 씹어 삼켰습니다.

"고맙네. 기록내면 한턱 쏠게."

드디어 출발선으로 이동하여 긴 기다림 끝에 12시 정오 출발 총성이 들렸습니다. 3만여 명이 참가하는 대회이다 보니 총성이 울리고도 한 20여 분이 지나서야 조금씩 대열이 움직이면서 앞에서 달려 나가는 모습이 보였습니다.

그날따라 날씨가 더워 출발 전부터 갈증을 느끼는 데다가 아침에 먹은 약이 자꾸 목구멍으로 다시 올라오려고 하는 것 같아 침을 삼키고 또 삼키고 하였습니다.

대열이 도로 위를 달리기 시작하자마자 나도 약간 내리막길을 연습한 대로 힘껏 내달렸습니다. 17km 지점에서 기록을 보니 평소보다 많이 빠른 1시간 20분 정도 되었습니다. 이대로라면 하프 지점을 1시간 40분 안

쪽으로 지날 수 있을 것 같아 한층 고무된 기분으로 물도 마시는 둥 마는 둥 멋지게 내달렸습니다.

그런데 20km 지점을 통과할 즈음 아랫배가 살살 아파오는 것 같아 장갑을 벗고 손으로 배를 살짝 만져 보았습니다. 그런데 배가 얼음장처럼 차고 아픈 강도가 갑자기 높아졌습니다.

그러더니 한 1km쯤 더 달렸을 때는 아랫배가 묵직하게 뭔가 짓눌러 오는 것 같고 금방이라도 설사를 할 것 같아 두리번두리번 화장실을 찾았지만 눈에 들어오는 화장실마다 20여 명씩 줄을 서서 기다리는 사람들로 넘쳐 났습니다.

'이거 큰일인데…. 어디 쭈그리고 앉아 볼일 볼 데 없나?'

사방을 둘러보아도 사람들은 넘쳐나고 마땅한 장소는 눈에 들어오지 않았습니다. 이마에선 식은땀이 흐르고 금방이라도 큰일 낼 것처럼 뱃속에선 우르르 쾅쾅 촌각을 다투는 지경까지 왔습니다.

하늘이 샛노랗게 다가왔다가 석양으로 돌아가고 캄캄한 밤인 양 사방이 어두워지고…. 막 사건이 터지려는 순간 어느 집과 집 사이 좁다란 골목길이 어렴풋이 눈에 들어왔습니다. '걸음아! 나 좀 살려줘!' 단숨에 골목길로 뛰어갔습니다. 두어 평 정도의 흙바닥에 앉아 주위를 둘러보니 아무도 없었습니다.

참고 참았던 아픔을 마치 폭포처럼 쏟아내니 그야말로 날아갈 것 같았습니다. 그런데 얼른 일어나 달려야겠는데 도저히 일어서지지가 않았습니다. 땅에 양다리가 묻힌 것 같은 무거움에 쭈그리고 앉아 있는데, "뿌잉…" 경적이 울립니다. 고개를 들어 바라보니 바로 옆이 철길이었습니다. 그야말로 3~4m 밖에 떨어져 있지 않은 철도변에 나는 응가를 위해 앉아 있고, 지나가는 열차에는 사람들이 가득했습니다. 그냥 고개를 양다리 사이로 처박았습니다.

열차가 지나간 후 서둘러 일을 마무리하려고 했습니다. 그런데 그때 헐레벌떡 어떤 여자가 바로 내 앞으로 뛰어옵니다. 그녀도 마라톤 중에 급해서 달려온 듯 보였습니다. 공간이래야 두 평 남짓인데 거의 무릎이 닿을 것 같은 거리에서 날 한번 쳐다보면서 '씨익' 웃더니 이내 볼 일을 봅니다. 민망하기도 하고 창피하기도 하여 고개를 돌렸지만 그녀는 아랑곳 않고 또 하나의 폭포를 만듭니다.

기록을 경신해 보겠다고 갔던 보스턴 마라톤 대회에서 좋은 기록은커녕 그 이후로도 세 번씩이나 보스턴 시내에 작은 폭포를 만들어 놓고 겨우 4시간 47분에 결승선을 통과했습니다. 잊을 수 없는 최악의 경기였습니다. 오늘이 꼭 그때처럼 고통스럽습니다.

# 마음이 무거웠던 애조마을

힘들어서 그만두고 싶은 유혹을 누르려고 이를 악물고 통영까지 4차선 도로 갓길을 정신없이 뛰었습니다. 통영서울병원에서 왼쪽으로 좌회전하여 한적한 애조마을로 접어들었습니다. 좁은 도로라 가끔 차들이 지나갈 뿐 큰 차도 보이지 않고, 도로 상태도 나쁘지 않아 마음에 여유가 생겨서인지 출발할 때보다는 몸이 가벼워졌습니다. 왼편 도로 옆에 조그만 교회와 애조마을이란 표석이 눈에 들어옵니다. '애조마을?' 무언가 아픔이 있는 마을 이름 같은 느낌이 들어 궁금했습니다.

'어째서 마을 이름이 애조일까. 무슨 애 자에 무슨 조 자를 쓸까?'

누구든 만나면 물어보고 싶은데 보이는 이가 없었습니다. 슬픈 마을 이름 같아 혼자 물어보고 답하며 발길을 재촉하는데 '마구마을'이란 푯말이 눈에 들어왔습니다. '마구마을? 마구간? 말 장식품?', 애조마을이나 마구마을이나 별난 이름이어서 궁금함에 마음이 쓰였습니다. 내 오지랖이 너무 넓어서인가? 마침 지팡이에 의지한 채 외출하시는 할아버지 한 분을 뵙게 되어 반가운 마음으로 "안녕하세요?"라고 큰소리로 인사를 드렸더니 "어? 응? 뉘신지…" 하시며 발걸음을 멈추셨습니다.

"아! 네. 아침 운동 하는 중인데 뭣 좀 여쭙고 싶은 게 있어서요."

층꽃나무 *Caryopteris incana* (Thunb.) Miq.
애조마을 입구의 층꽃나무. 층꽃나무는 초가을에 꽃이 피는데 남쪽이라서인지 11월인데도 꽃을 활짝 피우고 있다.

"뭘?"

"마을 이름이 마구마을인데 무슨 뜻인지 여쭤 보고 싶어서요."

"아! 이 마을에서 아주 옛날에 말을 많이 길러서 붙여진 이름이라. 저 보이는 산골짜기가 전부 말 기르던 곳이었지."

"아, 그렇군요. 한자는 어떻게 쓰는지요?"

"말 마(馬)자에 입 구(口)자"

"아 그렇군요. 그런데 요 앞 애조마을은 혹 무슨 뜻인지 아세요?"

"거긴 나환자들이 많이 모여 살던 곳이어서 애조리라 하는데 왜 그랬는지는 잘 모르겠는데."

나환자, 갑자기 목이 콱 메어왔습니다. 어릴 때 먼 집안의 나환자 누이가 소록도로 떠나던 모습이 크게 확대되어 다가옵니다. '마을 이름에 아픔이 절절히 배어있구나.' 한센 환자들의 많은 얼굴들이 겹쳐 오고 겹쳐 갔습니다. 숨 크게 한번 내쉬고 "고맙습니다" 하며 아픈 마음에 흐려진 시선을 멀리 두고 앞길을 재촉하는데 한하운 시인의 시 〈전라도길〉이 떠올랐습니다.

가도 가도 붉은 황톳길
숨막히는 더위뿐이더라.

낯선 친구 만나면
우리들 문둥이끼리 반갑다.

천안 삼거리를 지나도
수세미 같은 해는 서산에 남는데.

가도 가도 붉은 황톳길
숨막히는 더위 속으로 절름거리며
가는 길…
신을 벗으면
버드나무 밑에서 지까다비를 벗으면
발가락이 또 한 개 없다.

앞으로 남은 두 개의 발가락이 잘릴 때까지
가도 가도 천리, 먼 전라도 길.

그 한하운 시인의 아픔이 이곳 애조리에도 있었습니다. 달리기를 마치고 통영시청에 애조리마을 이름에 대해 문의해보니 사랑 애(愛)자에 도울 조(助)자를 쓴다고 했습니다. 말하자면 많은 이들의 사랑이 필요하단 뜻이겠지요. 거제를 출발하여 통영시 지법마을까지 달린 오늘 하루는 왠지 마음이 퍽 무거웠습니다.

제19일 거제시 사등면 – 통영시 도산면

구름 너울거리는 고성군 산자락

 11월 24일. 맑은 날씨입니다. 몸의 피곤함을 이부자리에 남겨두고 상쾌한 기분으로 하루를 시작했습니다. 국도를 달리다가 농로가 보이면 농로로 가고 농로가 막히면 어쩔 수 없이 국도로 다시 뛰면서 가능하면 국도를 벗어나 달리려고 노력했습니다.

 통영시 도산면 도산삼거리 지법마을 입구를 출발한 지 2시간 반 만에 손유정 팀장과 만나 방울토마토 세 알을 입에 넣고 남은 5km를 향해 걸음을 재촉했습니다. 마음은 상쾌하나 오늘도 역시 발걸음이 무거웠습니다. 발바닥은 아프다 못해 쓰라려 한걸음 떼기가 겁날 정도였습니다. 땅바닥에 발이 닿을 때마다 아픔에 소름이 돋는 것 같았습니다. 아픈 쪽으로 딛지 않으려고 뒤뚱거리며 달리기도 했습니다. 노루 궁둥이 같은 크지도 않은 엉덩이가 천근만근 땅속으로 처박힐 것 같이 무겁고 허리는 비틀렸습니다.

 어쩔 수 없이 한참 동안을 넋놓고 걸었습니다. 33번국도를 따라 걷다가 척번정리의 척정교차로에서 동산교 쪽으로 방향을 꺾어 골짜기를 따라 걸었습니다. 걷는 동안 스태프인 손유정 팀장이 안쓰러운 표정으로 내 발장단에 맞춰 함께 걸어주었습니다. 척번정리의 골짜기를 지나 꽤 오랫동안 이 산 저 산 바라보며 구름 너울거리는 산자락을 산책하는 기분으로 걸었습니다. 지나가다 보니 '구름 위 산책'이라는 펜션이 있었습니다. '저곳에서 하루 쉬고 갈까?' 잠시 망설였습니다. 전국일주 마라톤 기행을 시

광도면 아침 바다

작하고 나서 매일 하는 고민입니다. '하루 쉴까? 그냥 뛸까?'

제20일 통영시 도산면 – 사천시 사남면

사천 가는 길

11월 25일. 새벽 5시에 맞추어 놓은 휴대전화기의 모닝콜 벨소리에 눈이 떠졌습니다. 몸을 움직여 보니 여의치 않았습니다. '도저히 안 되겠다. 오늘은 좀 쉬자….' 다시 잠자리 이불 속으로 아픈 몸을 구겨 넣었습니다. '아니 뛰어야 되는데!' 이리저리 몸을 뒤척거려 보기도 하고 아픈 엉덩이를 쿡쿡 두드려 보다가 달리기로 결심하고 벌떡 일어났습니다. 스트레칭을 10여 분 하니 몸이 조금은 개운해지고 가벼워지는 듯했습니다.

'그래 뛰자. 뛰어보고 영 아니면 쉬기로 하지.'

사천시 사남면 금록가든 앞을 출발하여 내리막길 10여 km를 달렸습니다. 아침에는 발가락도 못 움직일 정도로 몸이 아팠는데 다행히 몸이 많이 풀렸습니다. 경쾌하게 달려가다가 추수가 거의 끝난 들판에서 아침 일찍부터 일하시는 아주머니와 눈이 마주쳤습니다. 목례를 하고 계속 달리는데 5년 전에 돌아가신 어머니 생각에 갑자기 눈물샘이 자극을 받습니다. 어머니 생각만 하면 언제고 눈물이 납니다.

우리 어머니는 글을 모르셨습니다. 숫자만 겨우 깨우쳤는데, 사시는 모습을 보면 존경스럽지 않을 수 없었습니다. 모든 어머니들이 그렇겠지만 참으로 많은 고생을 하며 사셨습니다. 하루 종일 논밭에서 일하시고 저녁에 잠자리에 들면 어머니는 밤새 끙끙 앓았습니다. 저러다 돌아가시는 거 아닌가? 어린 나이지만 무서운 마음에 밤새 앓는 어머니 걱정을 하곤 했습니다.

걱정으로 잠꼬대까지 하던 어린 시절, 그러나 아침에 일어나 보면 어머니는 어느새 들일 나가시고 안 계셨지요. 새벽녘 한참 동안 일을 하고 와서 잠시도 쉬지 못한 채 학교 갈 자식들의 아침을 짓던 모습이 잊히지 않습니다. 어머니는 시커멓게 그을린 얼굴에 대나무로 만든 갈퀴 같은 손을 가지고 3남매를 곱게 키우셨습니다.

내 나이 30대 중반쯤, 어느 날 우연히 어머니가 손수 장만한 수의를 보았는데 남자용 수의였습니다. 이상해서 여쭤보니, "남자 옷을 입고 가면 여자로 태어나지 않고 남자로 태어난단다" 하셨습니다. 어머니는 다시 태어나면 남자로 살고 싶으셨나 봅니다. 제발 저 세상에서는 일 좀 안 하고 편안하셨으면 좋겠습니다. 그리고 어머니 소원대로 남자로 다시 태어나 기쁨으로 여생을 즐겼으면 좋겠습니다.

어머니가 동행해 준 사천 가는 길은 행복했습니다.

제21일 사천시 사남면 – 사천시 서포면

제22-24일 사천시-순천시 71.9km

사라져가는 식물들을 지키리라

 삼천포로 빠지다

　11월 26일. 오늘은 사천시에서 광양 쪽으로 달리던 중에 노례교차로에서 우회전을 하여 사천대교로 달려야 했는데 그만 깜박 잊고 좌회전을 했습니다. 덕분에 방향을 잃고 삼천포대교 쪽으로 한참 동안 달렸습니다. 잘못된 방향을 깨닫고는 3km 정도를 되돌아와야 했습니다. 그러니까 6km를 더 달린 셈이죠. 그야말로 잘나가다가 삼천포로 빠진다는 것을 몸소 경험한 순간이었습니다. 그냥 웃었습니다.
　대화가 곁길로 빠지거나 어떤 일을 하는 도중에 엉뚱한 방향으로 흐르는 경우에 즐겨 쓰는 말로 흔히들 '잘나가다가 삼천포로 빠진다'라고 하지요. 정설인지는 모르겠으나 조선시대 어떤 장사꾼이 장사가 잘 되는 진주로 가려다가 길을 잘못 들어 장사가 잘 안되는 삼천포로 가게 된 것이

고성 고분 앞을 달리다

유래라는 설도 있고, 부산에서 진주로 가는 기차는 삼천포로 가는 승객과 진주로 가는 승객을 밀양 근처 개양역에서 분리하여 운행을 하는데 이때 잘못하여 진주로 갈 승객이 삼천포로 가는 칸에 타면서 생겼다는 말이 있습니다.

어느 것이 맞는지는 모르겠으나 내가 직접 광양시로 가려다가 삼천포 방향으로 잘못 가는 바람에 그야말로 삼천포로 빠진 경험을 실제로 하고 보니 그 말뜻을 실감할 수 있었습니다.

사천시 서포면 서포초등학교 입구에서부터 김동욱 선수의 온 가족이 동반주를 해준 덕에 오늘은 처음부터 끝까지 '룰루랄라' 즐거움뿐이었습니다. 김동욱 선수는 광양제철에 근무하는데 명함에 '도마 김동욱'이라고

써 있습니다. 도마란 말이 뭔지 궁금해 물었습니다.

"도마? 마라톤만 잘하는 게 아니고 체조도 잘하나?"
"아니에요. 도마는 '도전하는 마라토너'의 줄임말입니다."

김동욱 선수는 나이가 45세인데도 불구하고 풀코스 마라톤 최고 기록이 2시간 33분입니다. 올해까지 국내외 대회에서 33번씩이나 우승을 했고, 앞으로도 우승 목표로 100회를 잡고 있다니 놀라울 뿐입니다. 그리고 그는 마라톤 대회에서 탄 모든 상금이나 상품들을 불우이웃이나 이웃 노인을 위해 쓰는 등 꾸준하게 좋은 일을 많이 하고 있습니다. 아마도 그의 몸속에는 천사가 둥지를 틀고 살고 있는 게 틀림없습니다.

제22일 사천시 서포면 – 하동군 금성면

 전우치의 궁터마을과 김의 기원

　11월 28일. 대구에서 청과물 사업으로 돈을 무척 많이 벌었다고 소문이 난 윤태수 회원이 아침 일찍 전화를 했습니다. 섬진강 호텔 앞에서 기다린다는 전화입니다. 어제 고흥 마라톤 대회에 참가하고 오늘 내 일정에 동반주를 해주고 싶어 하루를 더 묵었다고 하니 고맙기도 하고 미안하기도 했습니다.
　평생을 여자의 발목과 신발만 쳐다보고 산다는 이문희 회원도 고흥대회를 마치고 경주에 이어 광양에서도 함께 달려주겠다며 합류를 했습니다. 그의 직업은 여성용 신발 제조입니다. 김동욱 선수는 길 안내 겸, 스태프로 참여해 주었습니다. 두 사람이 호위를 해주니 내가 마치 대단한 선수가 된 듯한 착각이 들 정도였습니다.
　경상남도 하동군 섬진강 호텔 앞을 출발하여 광양시 골약동 강남발전기 앞까지 24.5km를 평소 마라톤 대회 연습하듯 달렸습니다. 특히 김동욱 선수의 그림 같은 훈련 코스를 달리면서 주변 환경과 경관에 경탄을 연발했습니다. 오늘 코스는 참으로 아름다운 구간이었습니다.
　달리다보면 광양시 태인동에 궁기마을과 김 시식지가 있습니다. 궁기마을이라는 이름은 전우치 전설에서 나왔다고 합니다. 예전에는 광양시 태인동이 육지가 아닌 섬이었는데, 도인 전우치의 궁궐이 이곳에 있었다고 합니다. 전우치가 탐관오리에게 착취당하는 백성들을 구하고 궁궐을 떠나자 궁터만 남았답니다. 그 뒤로 이 마을의 이름이 '궁터마을'로 불렸

광양 호환도로에서의 주행 모습

다고 합니다.

궁터마을 근처에 마라톤 기행 중 꼭 가보고 싶었던 곳이 있습니다. 바로 김 시식지(始殖址)인데 우리나라에서 처음으로 바다 김을 양식했다는 김여익을 기리기 위한 기념관입니다. 김여익은 조선 인조 18년(1640년) 이곳 태인에 들어와 김을 양식하기 시작했습니다. 그의 후손들에 의하면 김을 그때까지는 '해의'라고 불렀으나 김여익의 성을 본 따 김으로 고쳐 부르기 시작했다고 합니다.

김여익은 전라남도 영암 출신으로 병자호란 때 의병을 일으켰으나 조정이 항복을 하자 태인도에 내려와 살던 중 참나무와 밤나무 가지를 이용한 김 양식법을 고안했다는 기록이 남아 있습니다. 저녁 식사는 재래식 간장에 김을 꾹꾹 찍어 먹었습니다.

제23일 하동군 금성면 – 광양시 골약동

 용이 내린 남도삼백리길

  11월 29일. 순천 일대를 달렸습니다. 골약동 강남발전기 앞에서 초남대교를 건너 순천시 연향동 방향으로 달렸습니다. 순천에는 세계 5대 연안습지로 람사르 협약에 등록된 순천만이 있습니다. 순천시는 '남도삼백리길'을 조성하였는데 1코스인 '순천만갈대길'에서는 순천만의 광활한 갯벌을 걸으며 세계적으로 희귀종인 흑두루미, 노랑부리저어새 등의 철새와 자연생태를 감상할 수 있도록 하였습니다. 용산전망대, 해룡 와온의 일몰은 장관이라고 합니다.

낙안읍성

달리면서 일몰을 구경하러 용산전망대에 가볼까 생각해봤습니다. 순천의 용산에는 이무기의 슬픈 전설이 남아 있습니다. 남해안 깊은 바다에 살고 있던 이무기는 용이 되기 위해 천 년의 세월을 기다렸습니다. 드디어 용으로 변하여 승천하는 날, 용은 하늘에 오르다 문득 내려다본 순천만의 경관이 너무나 아름다워 '아!' 하고 감탄을 합니다. 순간 물고 있던 여의주가 떨어지고 용은 순천만에 내려 앉아 그대로 산이 되었답니다. 순천만이 승천하는 것보다 좋았을까요?

동순천IC에서 청암대학교 방향으로 달리다보면 순천국제정원박람회 현장이 나옵니다. 내가 식물원을 운영하고 있기 때문에 관심이 가는 곳입니다. 이곳은 2013년 순천국제정원박람회 개최지로 순천시와 순천만 사이에 위치해 있습니다. 식물원을 운영하는 입장에서 생각해보면 이런 박람회 개최가 과연 관련 업계에 도움이 될까 하는 의구심이 듭니다. 현장을 달리면서 단지 보여주기 위한 전시장이 아닌 내실 있는 박람회가 되면 좋겠다는 생각을 했습니다.

식물자원의 보물창고

한국자생식물원은 우리 고유의 꽃과 나무들로만 조성되어 있습니다. 오대산 자락 7만여 평에 산으로까지 꽃길을 내고 산자락으로 번져가도록 우리 꽃을 그대로 풀어놓아 자연 그대로의 모습을 재현해 놓았습니다. 우리 정원에 잘 어울리는 키 작은 나무와 다양하게 살아가는 초본식물, 학술적으로 보호해야 할 귀한 식물들을 심어놓았습니다.

처음 농사를 지을 때는 몰랐는데 시간과 경험이 쌓이면서 우리 꽃의 생태적인 특성이 보이기 시작했습니다. 사람의 취향이 저마다 다르듯 꽃도 좋아하는 것이 각각입니다. 햇볕을 좋아하는 꽃이 있는가 하면 그늘을 더 좋아하는 꽃이 있습니다. 모래흙을 좋아하는 꽃, 진흙을 좋아하는 꽃, 모두 제각각입니다. 이 특성들을 잘 살려 꽃이 좋아하는 환경을 적절하게 만들어줘야 잘 자랍니다.

내가 식물원을 하면서 가장 신경을 쓴 부분은 사라져가는 우리 유전자원을 지키는 것이었습니다. 식물원 내에 '멸종위기식물 전시보전원'과 '희귀자생식물 전시보전원', '한국특산식물 전시보전원'을 두어 자생식물의 20%인 900여 종에 달하는 희귀식물 중 500여 종, 자생식물의 10%인 450여 종의 한국특산식물 중 250여 종, 멸종위기 지정식물 30종 이상을 수집, 보존하고 있습니다. 우리나라에서 이런 식물들을 집중적으로 관리하고 있는 유일한 곳입니다.

우리나라 자생식물이 4,300여 종 정도 되는데 우리 식물원에 2,600여

며느리밑씻개 *Persicaria senticosa* (Meisn.) H. Gross ex Nakai
8~9월 개화하는 덩굴성 한해살이풀이다. 산과 들에 길이 1~2m 가량 자란다.
줄기와 긴 잎자루에 갈고리 모양의 거친 가시가 난다.

종이 자라고 있습니다. 강원도 평창의 오대산국립공원에 접해 있어서 해발고도가 평균 650m이며 1년 중 4개월 동안 아침 기온이 영하로 내려갑니다. 식물이 잎을 내고 꽃을 피운 모습을 볼 수 있는 기간은 6개월에 불과합니다. 그래서 식물원을 3월말 혹은 4월에서 10월까지 밖에 열지 못합니다.

우리 식물원에 와서 사람들이 가장 재미있게 관람하는 곳이 '사람명칭식물원', '동물명칭식물원', '향식물원', '독성식물원'입니다. 사람명칭식물원에는 이름 그대로 사람과 관련 있는 식물들을 모아 놓았습니다. 며느리밥풀꽃, 각시취, 중대가리, 미치광이풀, 도둑놈의갈고리, 애기나리,

동자꽃, 처녀치마, 홀아비꽃대 등이 있습니다. 우리 삶과 연관이 있는 이름 때문인지 사람들이 관람하며 많은 이야기를 합니다. 줄기에 가시가 많이 나 있는 며느리밑씻개를 보고 얼마나 며느리가 미웠으면 그런 이름을 지었을까 하며 얘기꽃을 피우고, 스님이 관람을 와서 중대가리풀을 보고 '중대가리가 뭐냐. 스님머리라 해라' 하며 건의하는 일도 있었습니다.

대부분의 꽃이나 식물은 처음 본 사람이 그 느낌을 무어라 불러주면 그것이 곧 이름이 되었습니다. 씹어보아 쓴 맛이 난다고 씀바귀, 물가에 자란다고 물쑥, 냄새를 맡아 보면 누린내가 난다고 누린내풀, 향기가 좋고 꽃이 곱다고 꽃향유, 하얗게 핀 꽃이 마치 쌀밥처럼 보인다고 이팝나무 등이 그렇습니다. 그런데 며느리밑씻개 같은 이름은 듣기만 해도 슬그머니 웃음이 나오고 입에 올리기조차 민망합니다.

며느리밑씻개는 길가나 논둑 밭둑에서 흔히 볼 수 있습니다. 덩굴로 자라는 줄기나 삼각형으로 생긴 잎 전체에 잔가시가 많아 맨손으로는 만지기조차 어려운 풀입니다. 그런데 이 풀을 며느리의 밑씻개로 보았다는 발상이 기막힙니다. 며느리가 얼마나 밉고 갈등이 크기에 사랑하는 내 자식의 아내 밑을 이런 풀로 닦아주고 싶다는 생각을 했을까. 며느리밑씻개를 일본에서는 의붓자식밑씻개라고 부르는데 우리나 일본이나 곱지 못한 상대에 대한 심술이 묻어 있습니다.

동물 명칭으로 살아가는 식물도 많습니다. 노랗게 핀 꽃 모양이 고양이 눈과 흡사하다고 하여 괭이눈, 식물체의 마디마디가 소의 정강이 같다고 쇠무릎, 이른 봄 이 풀을 뜯어먹고 곰이 기운을 차린다고 곰취, 꽃받침이 날카로운 매의 발톱 같다고 매발톱꽃, 꽃의 모양이 범의 꼬리 같이 보

매발톱꽃 *Aquilegia buergeriana* var. *oxysepala* (Trautv. & Meyer) Kitam.
6~7월 개화하고 산골짜기의 양지나 반그늘에서 높이 50~100㎝ 가량 자란다.
꽃잎은 다섯 장으로 꽃잎 밑동에 자줏빛을 띤 꿀주머니가 하늘을 향해 있다. 꽃의 지름은 3㎝ 정도이다.

인다고 범꼬리, 식물체의 모습이 지네발처럼 생겨 지네발란, 뿌리의 생김새가 새우의 굽은 등처럼 보인다고 새우란…. 이밖에도 잠자리난초, 낙지다리, 쥐방울덩굴, 쥐똥나무, 범부채, 개미취, 닭의장풀 등 동물의 이름을 가지고 사는 식물이 많습니다.

사람명칭식물원, 동물명칭식물원과 나란히 자리한 향식물원은 외국에만 허브가 있는 것이 아니고 우리 자생식물에도 많이 있다는 것을 알리고자 조성했습니다. 외국의 허브 식물은 우리나라에 도입된 지가 몇십 년이 채 안 되었는데, 우리 조상들은 삼국시대 이전부터 실생활에 허브를 사용했습니다. 창포로 머리를 감고 동백기름이나 산초기름을 장식이나 식품으로 사용했으며, 녹차, 오미자차, 구기자차, 삼지구엽초차를 비롯해 인삼이 들어간 삼계탕, 산초가 들어간 추어탕 등이 많이 알려져 있습니다.

우리 식물원에는 백리향을 비롯한 생강나무, 좀쓴바귀, 산국, 구절초, 박하, 누린내풀, 산초, 누룩치, 두메부추, 산부추 등 고유의 향식물들이 계절 따라 꽃을 피우며 맘껏 저들만의 향연을 벌입니다. 그런데 향식물원에서 향기를 확인하려는 관람객들에 의해 온몸이 찢기고 뜯기고 유린당해 줄기만 앙상하게 남아 있는 녀석들이 많아 내 가슴도 더불어 뜯기고 찢긴 듯 아플 때가 있습니다.

식물원 한쪽에는 독성식물원이 있습니다. 꿩의바람꽃, 박새, 독미나리, 진범, 천남성, 투구꽃 등 독을 가진 식물들을 모아 놓았습니다. 조선시대 사약의 재료, 독이지만 약으로 쓰이는 식물들을 볼 수 있습니다.

꿩의바람꽃은 바람꽃 중 하나로 높은 산의 습기 많은 숲에서 자라는 풀입니다. 바람이 씨를 사방으로 퍼지게 하여 바람꽃이 되었는지는 모르겠지만 '기대'와 '희망', '환멸과 덧없음'이라는 상징적 의미를 지니고 있습니다. 대부분의 바람꽃은 '아네모놀'이라는 독성을 함유하고 있어 마법의 약초라 부르는데 바람꽃의 '아네모닌' 성분과 아네모놀은 먹으면 심각한 장염을 유발하는데 염소는 먹어도 이상이 없다고 합니다.

바람꽃에는 홀아비바람꽃, 들바람꽃, 변산바람꽃, 외대바람꽃, 쌍둥이바람꽃, 회리바람꽃 등이 있습니다. 바람 따라 흘러흘러 온 세계에 퍼져 사는 바람꽃들은 숲에 화사함을 퍼트리는 가루분 같습니다.

식물원의 역할은 주제에 따라 화려하고 예쁜 식물들을 멋지게 전시하

홀아비바람꽃 *Anemone koraiensis* Nakai
4~5월 개화하는 여러해살이풀이다. 산지의 습한 곳에서 나며 높이 20~30cm 가량 자란다. 꽃의 지름 1.5cm 가량. 꽃과 잎 모양이 바람꽃과 비슷하나 꽃대 끝에 꽃이 1송이씩 달려서 홀아비바람꽃이라고 한다. 한국 특산식물로 전국에 분포한다.

여 관람객을 기쁘게 해주는 것입니다. 또 공원처럼 지친 사람들이 재충전을 할 수 있는 쉼터 역할도 합니다. 그러나 더 중요한 것은 광범위한 연구를 위해 식물을 과학적인 체계에 따라 수집하여 분류하고, 기록하고, 보존하는 학술적인 역할입니다.

　인간과 자연에 유익한 식물들을 찾아내고, 사라져가는 식물들을 지켜내어 생물다양성을 보전해야 하는 중요한 역할을 수행하기 위해 나는 우리 식물원에 예쁜 꽃을 전시하는 것보다 잡초처럼 못생긴 식물들의 보호에 더 열정을 다할 것입니다.

제24일 광양시 골약동 – 순천시 별량면

제25-26일 순천시-장흥군 52.9km

입이 하자는 대로 하면

 똥친 막대기를 들고 염상구가 따라올 듯한 벌교

11월 30일. 벌교에서는 주먹 자랑하지 말라는 말이 있습니다. 벌교를 달리며 흘깃 장갑 낀 주먹을 한번 흔들어 봅니다. 그리고 멋쩍게 웃습니다. 이번 마라톤 기행을 하면서는 괜히 실없이 혼자 피식 피식 웃기를 많이 했습니다. '내가 미쳤나?'

광양을 지나서부터 몸이 퍽 유연해져서 좋았습니다. 아무래도 근 한 달 동안 매일 마라톤을 하니 체력단련이 되어서 그런듯했습니다. '이런 페이스라면 내년 4월 동아 마라톤 대회에서 신기록 내는 거 아냐?' 혼자 중얼거려 봤습니다.

나는 벌교에 여러 번 와 봤습니다. 개인적으로도 잘 아는 조정래 작가의 『태백산맥』에 매료되어 며칠 밤을 새워 책을 읽고 그 현장을 보고 싶

조정래 태백산맥 문학관

어 오기도 했고, 낙안읍성의 옛 모습이 그리울 때도 가끔씩 왔습니다. 이곳의 꼬막을 주제로 한 먹을거리가 심심치 않게 매스컴에 소개되기도 하는데 꼬막정식이든 부침개든 꼬막이 들어간 음식들이 참 맛난 곳입니다.

조정래의 대하소설 『태백산맥』은 1990년대 베스트셀러로 여기에 등장하는 벌교역을 비롯하여 홍교, 염상구, 염상진, 김범우, 하대치, 소화, 외서댁, 들몰댁 등등 아직 기억에 생생한 이름들이 머릿속을 스쳐 지나갑니다. 소설에서 '썩을', '어쩌렇곰 이 염상구를 똥 친 막대기로 아느냐고?' 하던 그 염상구가 똥 친 막대기를 들고 따라올 것 같은 소설 속 장면들을 상상하면서 벌교역을 지났습니다.

우리 민족의 아픈 역사 여순사건이 있었던 1948년 늦가을 벌교포구를 배경으로 재석산에 자리 잡은 현부자네. 제각 부근에서부터 빨치산 토벌 작전이 마무리되어 가던 1953년 늦은 가을날에 이르는 기간 동안 우리 민족이 겪었던 수난을 반추해낸 소설 『태백산맥』은 그 자체로 한 편의 역사라는 생각을 합니다.

방아다리 약수터의 수전노

　내 주위에도 격동의 시대에 소설 속 등장인물처럼 살다 가신 분이 있습니다. 고향이 북한으로 6·25전쟁 당시 빈털터리로 남한에 내려와 재벌에 가까운 부자가 된 '김익노'라는 분입니다. 우리나라 산이 헐벗었을 때 이분이 전국의 산야에 많은 나무를 심고 다녔다고 합니다. 중간에 삼청교육대에 끌려간 적도 있답니다. 돈을 많이 번 후에는 학교를 세우고, 재산을 사회에 환원한 존경할 만한 분입니다. 30년 전 내가 강원도 진부에 내려가서 농사를 짓기 시작했을 때 처음 알게 되었습니다. 그때 내 나이가 30대 초반이었는데, 그분은 60대였습니다.

　농사를 지으려고 진부로 내려오니까 마을 사람들이 김익노라는 사람의 이야기를 많이 했습니다. 좋은 얘기는 없고 천하의 죽일 놈이라도 되는 듯 안 좋은 이야기가 많이 들렸습니다.

"김익노는 전국에 산을 많이 가지고 있어. 우리나라 모든 사람에게 땅 한 평씩 나눠줘도 남을 걸."
"그 놈은 수전노야. 그렇게 지독한 수전노가 없어."
"그 인간을 조심해. 돈 안 갚으면 땅을 막 뺏는다고."

　진부에 처음 왔을 때 그분을 긍정적으로 평가하는 사람이 한 명도 없었기 때문에 얼굴도 모르는 나도 부정적으로 생각할 수밖에 없었습니다.

진부에 '방아다리 약수터'가 있는데 그 주변 땅이 다 그분 소유였습니다.

그 무렵 MBC에서 에델바이스 농사를 짓고 있는 나를 취재한다고 기자들이 농장으로 왔습니다. 주변을 소개하면서 방아다리 약수터라는 데를 처음 가봤습니다. 취재를 위해 여기저기 둘러보며 조용했던 약수터 주변이 소란스러워지자 인상이 날카롭게 생긴 노인이 나타나 물었습니다.

"당신들 누구요? 뭐하는 사람이요?"

말하지 않아도 '아, 이 사람이 동네 사람들한테 욕만 먹는 김익노라는 사람이구나' 하고 감이 왔습니다. 듣던 대로라면 당장 나가라며 쫓아내고도 남았을 텐데, 내가 이러저러해서 왔다고 하니 반가워하며 내가 여기 주인인데 식사를 하고 가라고 권했습니다.

"여기 약수터에서 나오는 약수로 밥을 해줄 테니 먹고들 내려가."

지독한 수전노라 들었는데 의외로 푸짐한 식사를 대접해 주었고, 약수터 주변을 데리고 다니며 안내해주었습니다. 식사 중에 소주를 한 병 마셔서 취했기 때문일까, 마음속에 담아둔 궁금했던 질문을 했습니다.

"어르신, 제가 이 동네 온 지가 꽤 되었는데, 이곳 사람들한테 어르신 얘기를 많이 들었습니다. 그런데 어르신을 좋게 얘기 하는 사람을 한 명도 못 봤어요."

"나는 빼기랑 나누기는 모르고, 더하기랑 곱하기만 아는 사람이라 그래."

무슨 소린가 싶었지만 그냥 웃고 넘어갔습니다. 며칠 뒤 그분이 내가 농사짓는 농장으로 자전거를 타고 찾아왔습니다.

"어? 웬일이세요?"
"그냥, 한번 보러왔어. 이 산골에 와서 뭘 하려고 그래?"

내가 앞으로 할 일을 설명하자, 뜻을 이루기 위해 혼자 이 산골에 들어와서 노력하는 게 정말 대단하다며 마음에 든다고 했습니다.

"내가 땅이 많아. 필요하면 내 땅을 빌려줄 테니 얼마든지 농사지어."
"아니에요. 내가 농사지을 만큼만 국유지 임대하면 되죠. 고생해서 농장을 일궜는데, 어느 날 어르신이 '너 내 땅에서 나가' 이러면 어떡해요."
"허참, 내가 그럴 사람 같냐?"
"제가 여기서 들은 바로는 그러고도 남을 거 같아서요."

속에 있는 말을 둘러댈지 몰라서 그냥 내뱉은 내 말에 조금도 언짢게 생각하지 않고 호탕하게 웃었습니다. 그 후로 그분과 친하게 지냈는데, 이루 말할 수 없는 절약정신에 놀란 적이 많습니다.

당시에 그분은 전국에 땅이 많아서 소작인을 많이 두었습니다. 일자를 정해 자기 땅을 살핀다며 소작인을 만나러 다녔습니다. 갈 때는 꼭 식사

낙안읍성 민속마을의 민박집

 시간에 맞춰서 손에 라면 두 개를 들고 갑니다. 가서 얘기를 좀 나누다가, 라면 두 개를 내밀면서 좀 끓여 달라고 합니다. 그러면 땅을 빌려 쓰는 입장에서 라면만 끓여 주고 말 수는 없기 때문에, 소작인이 밥을 해서 내갑니다. 쌀이 부족한 가난한 살림이지만 정성껏 밥을 해서 땅주인에게 대접합니다. 그분은 밥을 잘 얻어먹고 가져간 라면 두 개 중에서 하나는 인심을 쓰듯이 소작인에게 주고, 하나는 다시 받아서 나옵니다.

 스크루지 뺨치는 이런 예는 많습니다. 그분이 진부시내에 가면 쓰레기통을 뒤지는 게 일입니다. 찾는 것은 담뱃갑. 정확히는 담뱃갑 속의 은박지입니다. 이 종이를 담뱃갑에서 빼서 잘 편 다음 무거운 돌로 눌러 놓고, 영수증 용지로 사용합니다. 겉은 은박지고 뒤는 코팅이 된 종이라서 빨래를 해도 한번 쓴 글자는 지워지지 않고, 종이가 잘 헤지지 않는다고 합니다. 그때는 재활용이라는 말도 없을 땐데 이렇게 좋은 종이를 왜 주워다

쓰지 않느냐며 내게도 권했습니다.

그분의 절약 생활은 일상적입니다. 갑자기 날 찾아와서, "밥 사줄게 나와" 해서 가보면 그분에게 밥을 사 줄 사람이 기다리고 있습니다. "오늘은 저 사람이 밥 살 테니 맘껏 먹어" 하는 겁니다. 친한 친구한테 간다면서 나를 데려간 적도 있습니다. 몇 년 만에 만난다며 점심을 같이 먹자고 나를 데려갔습니다. 가다가 정육점에 들러 돼지고기 5근을 샀습니다. 6천 원 정도 낸 것 같습니다.

친구라는 사람은 송어양식장을 하고 있었습니다. 거기서 송어튀김, 송어회, 송어매운탕에 소주를 취하도록 마셨습니다. 거기서 나오면서 그분이, "우리가 여기서 먹은 게 얼마치나 될까?" 물었습니다. 나는 "글쎄요. 꽤 많이 먹었어요. 한 20만 원은 될 것 같은데요"라고 답했습니다. 그러자 이렇게 말했습니다. "우리가 6천 원 투자했는데 20만 원 어치를 먹었으면 장사 잘한 거군."

한번은 그분이 병원에 입원을 해서 내가 병문안을 갔습니다. 당시 오렌지 주스가 한 박스에 5천 원 정도 했고, 한 캔에는 200원 정도 했습니다. 내가 병문안으로 오렌지 주스 한 박스를 5천 원을 주고 사가는 것은 당시 내 재산상으로 따지면 60만 원을 투자하는 것 이상이었습니다. 가난한 농사꾼이 돈 많이 썼다고 욕할 거 같았습니다. '그래, 병원에 가면 아주머니가 간호를 하고 계실 테니 다섯 개만 사가지고 가서 셋이서 하나씩 마시고 두 개는 뒀다가 두 분이 하나씩 드시라고 해야겠다.'

그래서 천 원을 주고 캔 5개를 사서 병원으로 갔습니다. 나는 당연히 그분은 부자니까 특실에 있겠거니 했는데 6인용 병실이었습니다. '야, 이

사람은 자기를 위해서도 돈을 안 쓰는구나' 생각하며 들어갔습니다. 내가 음료수를 "한 박스 사오려다가 돈도 없는 놈이 비싼 거 샀다고 욕할 거 같아서 다섯 개만 사왔어요" 했더니, 그분이 "야, 새끼야, 그거 한 박스 사오면 내가 뭐라고 하냐?"며 역정을 냈습니다.

그분과 친해지면서 '빼기하고 나누기는 모르고 더하기 하고 곱하기만 아는 사람'이 어떤 사람인지 알게 되었습니다. 그분은 돼지감자 같습니다. 돼지감자는 옆에 다른 식물을 못 살게 할 정도로 생존본능이 강합니다. 빈손으로 시작해서 남을 속이지 않고 자신의 노력만으로 큰 부자가 되기 위해서는 그런 정신이 없어서는 불가능했을 것입니다.

다산 정약용이 살아가면서 속여도 되는 것이 있는데 '자기 입을 속여야 한다. 입이 하자는 대로 하면 아무것도 못한다'는 말을 남겼는데, 그분을 통해서 이 말의 의미를 배울 수 있었습니다.

제25일 순천시 별량면 – 보성군 조성면

고귀한 흰 빛 이정마을

　12월 1일. 전남 보성군 조성면 수풍마을 입구를 출발하여 장흥군 장동면 장동초등학교 앞까지 24km 정도를 달렸습니다. 전국일주 마라톤을 시작한 지 벌써 한 달이 되었습니다. 아침 5시에 잠자리에서 일어나 낙안읍성 '동백나무 민박집' 주인아주머니가 내온 김장 김치와 배춧국에 가래떡과 찬밥, 조청을 곁들인 아침 식사가 별미였습니다. 수풍마을을 출발해서 예당사거리 쪽으로 달리다보니 이정마을이 나왔습니다.

　이정(梨亭). 아릿한 흔적으로 아직 마음 한구석에 남아 있는 이름입니다. 수많은 편지와 시와 낙서를 남겨 준 이름. 지금도 아주 가끔은 그 아련한 그리움이 한숨을 불러오곤 하는 이름입니다. 그 이정이 전라남도 보성군 득량면 예당리 이정마을에서 내 마음속으로 다시 들어왔습니다. 마을 이름이 옛 인연 이정과 꼭 같았습니다.

　그는 하얀 배꽃과 흔히 에델바이스라고 부르는 솜다리를 무척 좋아했습니다. '에델바이스' 노래를 즐겨 불렀습니다. 자연 속의 모든 것이 그러하지만 특히 꽃은 동·서양과 시대를 불문하고 사람들이 즐겨 노래하는 대상이었습니다.

　프리드리히 실러라는 사람은 꽃을 일컬어 '생명의 모든 것'이라고 노래했습니다. 꽃이야말로 모든 생명의 근원이란 뜻이지요. 네안데르탈인의 무덤에서도 꽃이 발견되었다고 하니 수만 년 전에도 꽃이 일반 장식뿐 아니라 장례용으로도 사용되었다는 증거가 아닐까요? 중국 한나라 시대

왜솜다리 *Leontopodium japonicum* Miq.
8~9월 개화하는 여러해살이풀이다. 깊은 산에서 나며 높이 25~50cm로 자란다. 전체에 솜털이 있으며 윗부분에 가지가 약간 갈라진다. 소백산 이북에 자생한다.

에는 지나치게 꽃을 많이 재배해서 농사지을 땅이 부족했다는 기록도 있다고 합니다.

좋아했던 사람이 좋아하던 꽃이기도 하지만 솜다리는 나에게 아주 특별한 꽃입니다. 오늘날의 한국자생식물원이 있게 한 꽃이니까요. 설악산 대청봉을 오르다가 공룡능선 동쪽 골짜기 천길 바위 벼랑에서 아랫도리를 묻고 눈물처럼 하얀 꽃을 피운 솜다리를 봤던 기억이 생생합니다.

솜다리는 독일어로 '고귀한 흰 빛'이라는 뜻입니다. 5개 내지 7개로 갈라진 꽃받침 모양이 사자의 발톱처럼 날카롭게 생겼다고 하여 레온토피디움(*Leontopodium*)이란 학명을 가졌습니다. 우리나라 고산지대와 시베리

장흥 메타세콰이아 가로수길

아 히말라야 알프스의 높은 곳에서만 자라는 세계적인 희귀식물입니다.

솜다리는 온몸에 보송보송한 솜털을 유독 많이 달고 있습니다. 이것은 물 관리를 위한 낙타 등의 혹과 같은 구실을 합니다. 높고 바람이 많은 곳에 사는 만큼 갈증 또한 많이 느끼기 때문에 솜털 사이사이에 물을 보관하고 삶을 가꾸어 갑니다. 향기는 은은한 국화 향입니다. 그리운 이정을 뒤로 하고 기러기 재를 넘었습니다.

내리는 빗속을 가볍게 뛸 수 있도록 반바지에 긴 팔, 스포츠 셔츠, 바람막이 점퍼, 야광조끼로 무장하고 9.6km 지점에서 스탭진과 만나기로 약속을 했지만 중앙 분리대가 있는 도로에서 반대 방향으로 달리는 바람에 손짓으로만 다음 목표지점에서 만나자는 신호를 보내고 정해진 장동초등학교까지 물 한 모금 마시지 못한 채 달렸습니다.

빗속을 뛰면서 머릿속과 마음속을 청소하는 것도 괜찮다는 생각에 대중가요, 가곡, 동요할 것 없이 연속 흥얼거리며 즐겁게 달렸습니다. 오늘따라 오르막길이 많아 시간이 많이 걸렸습니다.

꼬불꼬불 천관산 자연휴양림에서 씻지도 못하고 보일러를 빵빵하게 틀어놓고 일찌감치 시체처럼 누웠습니다. 그러나 잠은 오지 않습니다. 다음 코스가 강진입니다. 전국일주 마라톤 기행에 있어 가장 기대가 되는 강진! 강진에는 어떤 길이 나를 기다리고 있을지 부푼 마음으로 내일을 기약합니다.

제26일 보성군 조성면 – 장흥군 장동면

제27-29일 장흥군-무안군 82.5km
그저 눈 딱 감고 해도 좋은 일 하나

 **홍임 모녀와 다산초당**

　12월 2일. 다산 정약용의 유배지이며 고려시대 청자 도요지로 유명한 강진에 왔습니다. 전국일주 마라톤을 계획하며 다산의 18년 유배생활의 역사적 현장인 강진을 꼭 경유하려고 강진과 해남 보길도를 놓고 저울질하다가 장흥에서 강진군 군동면을 거쳐 강진군 소재지를 통과하기로 했습니다. 오늘 드디어 강진의 보물, 아니 대한민국의 보물 정다산을 만나러 이곳 강진에 왔습니다.

　우리나라 5천 년 역사에 무(武)에는 이순신, 문(文)에는 정약용이 있다는 말처럼 다산의 업적은 대단합니다. 강진에서 다산이 남긴 체취를 짙게 맡아 보고 싶었습니다.

　전라남도 장흥을 떠나 강진군 군동면에 도착하는 데 3시간 가까이 걸

다산 정약용이 귀양 초기 생활하던 주막집

렸습니다. 군동면은 다산이 유배지에서 얻은 소실 '표씨'(정씨라고도 함)와 그의 딸 '홍임'의 고향입니다. 표씨가 지었다〈남당사〉는 다산이 홍임 모녀를 위해 쓴 시라는 의견이 있다.는 〈남당사〉 16수'가 전해지는데 다산에 대한 그리움을 담은 노랫말이 하도 절절하여 전편을 읽고 또 읽었습니다. 〈남당사〉의 내용을 잠깐 소개하면 이렇습니다. 〈남당사〉 16수'와 해설 부분은 『다산의 후반생』(차벽 저)에서 인용하였다.

갈 생각만 하는 님 내 마음 슬퍼지니
밤마다 한 심지 향 하늘에 닿았겠네.
어이 알리 온 집안이 환영하던 그날이

세연정에서

아가씨 집 운명 외려 기구하게 될 때임을.

(곁에서 소실이 지켜본 다산은 자신에게는 마음이 있지 않고 늘 떠나온 고향과 두고 온 아내 생각 뿐이더라. 그 마음을 돌려보려고 향 피워 기도하곤 했는데 마침내 당도한 해배 소식에 모두들 기뻐 덩실덩실 춤을 추었지만 자신에게는 박복한 운명의 시간임을 노래한 것.)

어린 딸 총명함이 제 아비와 똑같아서
아비 찾아 울면서 왜 안 오냐 묻는구나.
한나라는 소통국도 속량하여 왔다는데

무슨 죄로 아이 지금 또 유배를 산단 말가.

(유배가 해제되어 고향으로 돌아간 다산을 그리며 아빠는 언제와? 하며 딸이 웁니다. 가서 곧 오마고 하고 떠났는데 돌아오질 않습니다. 왜 내 딸은 아비의 귀양지에서 귀양 아닌 귀양을 살아야 한단 말인가? 우리가 오랑캐 만도 못하단 말인가?)

베짜기와 바느질은 관심이 하나 없고
일없이 등불 돋워 밤이 하마 깊었구나.
곧장 오경 이르러 닭 울음 그쳐서야
옷 입은 채 벽에 기대 혼자서 신음한다.

(다산의 고향으로 딸을 데리고 찾아갔다가 정실부인에게 내침을 당해 다산초당으로 돌아온 그녀는 거의 넋이 나갔습니다. 길쌈과 바느질은 내팽개치고 님 그리워 신음하다가 옷 입은 채로 벽에 기대어 혼자 흐느낀다.)

절대의 문장에다 세상 드문 재주시니
천금 줘도 한 번 만남 오히려 어려우니.
갈가마귀 봉황 배필 원래 짝이 아니거니
천한 몸 과한 복이 재앙될 줄 알았다오.

(그이(다산)가 봉황이라면 그녀는 갈가마귀이다. 천한 몸이 감당하기엔 실로

분에 넘치는 존재. 내가 그이를 모신 것은 과한 복이다 그것이 마침내 재앙으로 돌아왔다.)

흙나무의 마음인가 돌사람이란 말가
고금을 통틀어서 마침내 짝 없으리.
깨진 거울 둥글게 될 가망이야 없다 해도
그대 집 부자 은정 차마 어이 끊을까.

(흙과 돌로 만든 사람이라도 내게 이럴 수는 없다. 자신이야 어떻든 날마다 칭얼거리는 당신의 피붙이는 데려가야 하지 않는가?)

얼룩 화장 떨군 비녀 남이 볼까 겁이 나니
웃다가 찡그림을 다만 홀로 안다네.
낭군 마음 그래도 다정함 있다 하면
반쪽 침상 이따금 꿈에라도 안 올는지.

(혼자 울다가 웃다가 거의 실성을 했다. 화장이 지워져도 고칠 생각이 없지만 그래도 가끔씩은 화장을 하고 머리를 빗는다. 님이 꿈에라도 찾아주길 기대하며…)

물 막히고 산도 막혀 기러기도 안 오니
해 넘도록 광주 편지 받아보질 못했네.

아가씨 이날에 천만 가지 괴로움에
낭군께서 떠나시기 전의 일만 생각하네.

(고향으로 간 님의 소식은 없고 미래도 잃고 과거 속에서 살지만 괴로움만 산처럼 쌓인다.)

외로운 집 사람 없이 그림자 안고 자니
등불 앞 달빛 아래 옛 인연이로구나.
서루와 침실이 꿈결에 희미하고
베갯머리 울던 흔적 그대로 남아 있네.

(겨우 감정을 추스리고 빈 집에서 다산의 그림자를 안고 산다. 그와의 만남은 전생의 꿈인 듯 싶고 베갯 머리 울던 흔적에 한없이 오열한다.)

남당가 노래 곡조 여기서 그치리니
노래 곡조 마디마디 절명의 가사일세.
남당가 곡조를 부르지 않는대도
마음 등진 사람은 등진 마음 알겠지.

(그 노랫말 마디마디가 절명의 가사인바 남당사 노래를 부르지 않는대도 마음을 등진 사람 당사자는 이 마음 잘 알고 있겠지…)
  - 정민, 『삶을 바꾼 만남』에서

한 구절 한 구절에 다산을 보내고 혼자 어린 자식을 데리고 사는 소실의 마음이 수백 년이 지난 후 읽는 이의 가슴까지 메어지게 합니다.

〈남당사〉의 저자는 강진의 무명 문인으로 추정하지만 다산 자신이라는 학자도 있습니다. 이 작품은 잡동사니를 필사해 놓은 표제도 없는 책자에 실려 있는데 이 책자에는 다산의 『아언각비』雅言覺非, 1819년 다산 정약용이 지은 속어의 의의를 고증한 책도 일부 필사되어 있다고 합니다. 어쨌거나 〈남당사〉 16수 한 구절 한 구절은 홍임 모녀에 대한 아린 마음을 후비고 또 후빕니다.

제27일 장흥군 장동면 – 강진군 군동면

다산초당

 강진에서 생각난 다산의 한마디

    12월 4일. 어제는 강진에서 '동문매반가'라는 주막집과 다산초당을 오가며 하루 쉬고 오늘 다시 마라톤을 시작했습니다. 기대했던 강진땅을 달렸기 때문인지 한 40km쯤 뛰더라도 몸은 아플망정 지루하지는 않을 것 같았습니다. 전남 영암군 학산면 월출산국립공원 입구까지 28.1km, 3시간 2분 58초로 달리기를 마무리 했습니다.

    마라톤 후에 강진의 다산초당에 들렀습니다. 어제 남당사를 읽었기 때문인지 다산초당을 내려오는 길에 마치 홍임이 '아빠!' 하고 나타날 것만 같습니다. 홍임이 경사진 험한 길을 뛰어 내려오는 것 같은 환상에 다산초당을 내려오면서도 뒤돌아보고 또 돌아보고 하였습니다. 시인 고은도 이들 모녀의 삶이 아팠는지 『만인보』에 〈홍임〉이라는 시가 있습니다.

저는 다산 정약용의 딸이어요.
강진 땅 다산초당
그 동암(東岩) 방에서 태어났어요.
어머니는
강진고을 바닷가 남당에서 온
어여쁘디 어여쁜 시악시였어요.
어찌 어찌 하여
귀양살이 아버지 이불 속에 들어
그 분의 아낙이 되었어요.
제가 태어났어요.
붉은 동백꽃 핀 날 태어나
홍임(紅任)이라 이름 지었어요.
어머니도 글 익히고
저도 자라나며
글 익혔어요.
그렇게 글 집 이루고 살았어요.
그러다가 아버지는 귀양살이 풀려
떠나서

다산초당의 동암

다시 돌아오지 않았어요.
끝내 어머니와
저를 부르지 않았어요.
저는 어머니 아픔 받아
해남 대흥사 일지암
초의 스님에게 가서
머리 깎고
비구니가 되었어요.
차를 따
아버지께 보내드리고 싶었으나
이미 아버지는 이 세상 사람이 아니었어요

어머니는
저에게 가끔 와서
서방정토를 염(念)하였어요.
…

다산이 유배가 안 풀리고 강진 땅에서 그 수명을 다했으면 어땠을까? 하는 생각을 해봅니다. 강진은 다산 정약용이 18년 동안 유배생활을 한 곳으로 유명할 뿐만 아니라 그 긴 유배생활 속에서 600여 권의 책을 저술한 어쩌면 축복받은 땅이기도 합니다. 18년이란 긴 시간 유배를 산 것은 안타깝기만 하지만 그 오랜 시간들을 훗날 이 땅을 살아갈 후세에 거름이 될 다방면의 저술을 한 것은 참으로 대단한 일입니다.

다산은 유배생활을 하면서 후학을 길러 내기도 하고 농사를 짓기도 했는데 논 열여덟 마지기를 가진 부농의 반열에 오르기도 했답니다. 소실을 얻어 자식까지 두었고요. 농담 삼아 "그런 유배라면 나도 강진으로 유배 가고 싶다"고 우스갯소리를 했지만 지금으로서는 상상조차 할 수 없는 수많은 고통이 유배생활 중에 있었을 겁니다.

다산이 아들들에게 해준 말 중에는 "지혜롭지 못하면 굳센 것을 뚫지 못하고 부지런하지 않으면 정밀하지 못하니 배우는 사람은 반드시 惠·勤·寂(혜·근·적) 세 가지를 꼭 갖추어야 하며 재주나 덕은 서로 떼어 놓을 수 없는 밀접한 위치에 있으니 덕을 갖추지 못한 재주는 오직 비방만 있을 뿐이므로 얕은 재주를 뽐내지 말고 오로지 덕을 갖추기 위해 노력 정진하라"는 말도 있습니다.

가슴에 절절히 녹아드는 훌륭한 가르침이라고 생각되어 나도 늘 되새겨 생각해 보며 그리하리라 마음을 다잡지만 그때뿐이고 이내 허물어지고 맙니다. 하지만 내가 잘 지키고 싶은 제일 좋아하는 다산의 한마디는 이것입니다.

'노력하고, 노력하고 또 노력하라.'

제28일 강진군 군동면 – 영암군 학산면

# 목포 유달산공원의 초가집

12월 5일. 이제 곧 목포시! 지도상으로는 전국일주 마라톤 코스 중 반쯤 되는 지점이니 절반의 성공을 거둔 셈입니다. 달리기를 마치고 목포 유달산 조각공원에 가보기로 했습니다. 유달산 조각공원 조성 당시 이곳에 있던 모든 판잣집, 초가집들을 다 철거하였지만 초가집 한 채는 그대로 보전가옥으로 남겨 두었습니다. 그 집에 살던 아들과 귀머거리 어머니의 아픈 얘기 때문이었다고 합니다.

오래되어 얘기 줄거리가 알쏭달쏭 하지만 부두에서 막노동을 하는 아들 하나를 데리고 베를 짜며 살던 어머니가 있었습니다. 어느 날 부둣가에서 지게에 짐을 지고 배와 배 사이를 오가며 일을 하던 아들이 실족하여 바다에 빠져 죽었다고 합니다.

주위 사람들이 그 일을 그의 어머니에게 전해주려 집으로 찾아가 "아드님이 오늘 부둣가에서 일을 하다가 바다에 빠져 죽었어요"라고 얘기를 했으나 귀가 어두운 어머니는 무슨 얘기인지 들을 수가 없으니 저녁에 우리 아들이 돌아오면 우리 아들한테 얘기하라며 쉬지 않고 베를 짰다고 합니다.

어찌 어찌하여 인척들을 내세워 아들 죽은 소식을 전했건만 우리 아들이 죽을 리가 없고 곧 돌아올 거라고 오랜 세월을 아들을 기다리며 사립문을 열어놓고 살았다는 실화가 전해지는 초가집, 모자의 얘기를 지울 수 없어 보전가옥으로 남겨 두었다는 그 집을 다시 보고 싶었는데 목포시에

제비동자꽃 *Lychnis wilfordii* (Regel) Maxim.
6~8월에 개화하는 여러해살이풀이다. 높은 산지의 반그늘에 높이 50cm 가량 자란다.
전체에 털이 없고 꽃잎 하나하나가 제비 모양을 닮았다. 멸종위기종(2급)

서 관리비 부담 때문에 헐어버렸다는 관리소 직원의 말에 허탈하게 돌아서야 했습니다.

그 작은 초가집 관리비가 얼마나 든다고 수억 원짜리 조각작품은 사다 놓으면서 그와 비교도 되지 않을 훌륭한 문화유산을 초가지붕 관리비 아낀다고 없애 버린 걸까요. 그 애틋한 모자 얘기가 지워진 것이 못내 안타까웠습니다.

유달산 조각공원은 15년 전쯤 내가 직접 가서 우리 고유의 식물로 그 일대를 조성한 곳이라 오랜만에 가보니 감회가 새로웠습니다. 당시 전국의 공원이나 도로에는 우리 꽃 대신 팬지 같은 외국 꽃이 장식되어 있었

깽깽이풀 *Jeffersonia dubia* (Maxim.) Benth. & Hook. f. ex Baker & S. Moore
4~5월 개화하는 매자나무과의 여러해살이풀이다. 산자락에서 나며 높이 20cm 가량 자란다. 땅 위 줄기가 없이 잎이 뭉쳐나며 꽃잎은 6~8장이다. 꽃밥이 보통 자주색이나 드물게 노란색 꽃밥만 있는 군락도 있다.

습니다. 1992년 대구시에서 전국체전을 앞두고 '우리 꽃길 조성 사업'을 시행했고 자생식물만을 증식하여 경영하는 농장은 우리가 유일했기 때문에 꽃을 독점 납품할 수 있었습니다. 그 이듬해부터 무주리조트, 고리원자력발전소, 대전엑스포, 서울 한강둔치, 남산 공원, 목포 유달산 조각공원 등의 조경을 차례로 맡으며 나는 전국을 우리 꽃으로 물들였습니다.

초기에 농사를 지을 때는 식물원을 하겠다는 생각이 전혀 없었습니다. 우리나라 자생식물 재배가 돈과 바꿀 수 있는 하나의 농업 분야가 되도록 만들고 싶을 뿐이었습니다. 자생식물을 새로운 농가소득원으로 개발하면 많은 사람들이 이 분야로 진출해서 경제적으로 성공할 수 있지 않을까 기대했습니다.

그런데 우리 꽃 농사가 사업성이 있다는 소문이 나면서 전국에 비슷한 농장들이 하나둘 생겨나기 시작했습니다. 때마침 우리나라 행정체계가 지방자치화가 되면서 각 시도에서는 자기 지역 농가와 사업을 추진하려 했습니다. 그러다보니 아주 짧은 시간에 자생식물 재배농장이 전국적으로 확산이 되어 나갔습니다.

경쟁이 심해지면서 식물 납품 사업도 한계에 온 것 같이 느껴졌습니다. 그즈음 앞으로 어떤 방법으로 농사를 해야 될 건가 참 많이 고민을 했습니다. 나는 달리면서 생각을 많이 하는데 그때 오대산을 달리며 이런저런 궁리를 하는 시간이 많았습니다. 당시 내 마음에는 되든 말든 눈 딱 감고 식물원 한번 제대로 만들어 보고 싶은 꿈을 꾸고 있었습니다. 우리 고유의 식물원을 세우고 싶은 겁니다.

그때까지만 해도 먹고 사는 문제에 매달리다 보니 우리는 우리 것의 귀함을 너무 잊고 살았습니다. 전국 방방곡곡 심심산골까지 외래문화와 꽃씨를 뿌릴 줄만 알았지 우리 땅에서 자라는 우리 고유 식물들을 보존하고 이를 번식시켜 자원화하는 일이 나라의 미래를 좌우할 만큼 중요하다는 사실을 아무도 모르고 있었습니다. 아니 알면서도 선뜻 나서는 사람이 없었습니다.

세계열강들이 벌이는 종자전쟁을 보고서 갑자기 우리 것을 지키고 보호해야 한다고들 법석을 떨었지만 쓸 만한 식물자원은 이미 약삭빠른 미국이고 일본 같은 선진국들의 호주머니에 다 들어가고 말았습니다.

깽깽이풀, 제비동자꽃, 얼레지, 섬말나리, 개불알꽃, 철따라 피고 지며

이 땅을 수놓아 온 우리 꽃들이 오래전부터 우리 곁에서 하나 둘 떠나갔습니다. 뿐만 아니라 우리나라에 있는 식물원 어느 구석에서조차 외래종에 밀려난 우리 꽃은 설 자리를 잃은 지 이미 오래였습니다.

이런 일화가 있습니다. 독일의 슈미트 수상이 한국을 방문했을 때 하고 많은 일정, 관광산업 시찰을 마다하고 우리 고유의 식물원이 보고 싶다고 했답니다. 그러나 부끄럽게도 우리나라에는 그에게 보여줄 식물원이 한 곳도 없었습니다. 나는 세계화도 좋고, 선진화도 좋지만 우리 것을 외면한 세계화, 선진화가 무슨 의미가 있을까 싶었습니다.

당시 우리 고유의 식물원 건립에 관심을 기울이는 분들은 많지 않았습니다. OECD가입 회원국은 물론이고 전 UN회원국을 통틀어 봐도 제대로 된 풀밭 하나 없는 나라는 반만년 역사를 자랑하는 우리나라 밖에 없을 때였습니다. 이 땅에 뿌리를 내리고 살아가는 식물종자를 확보하여 소멸 위기의 자원을 보존해갈 우리의 식물원을 빨리 건립해야 한다는 생각을 늘 했습니다. 그런데 식물원을 어디서부터 어떻게 시작해야 할지 막막했습니다.

1995년 어느 날 마라톤을 하는데 불현듯 농장을 식물원으로 조성해보면 어떨까 하는 생각이 떠올랐습니다. 내가 농사를 짓던 넓은 면적을 식물원으로 조성을 한다면 우리나라 식물유전자원 보전을 위한 창고로도 쓰고 생태교육을 위한 장으로도 활용할 수 있고 많은 사람들이 여가를 즐길 수 있는 공간으로 활용할 수 있을 것이다 생각했습니다. 그래서 오랜 꿈을 위해 우리 꽃 생산으로 발생한 수익을 식물원 조성에 투입하기 시작했습니다.

많은 노력 끝에 1999년 6월 말에 한국자생식물원을 일반에 공개했습니다. 그리고 바로 다음 해에 한국관광공사의 '한국의 가볼 만한 곳 7선'에 뽑혔고, 강원도의 명소로 알려졌습니다. 매년 10만 명이 넘는 관람객이 우리 꽃을 보러 찾아왔습니다.

가능성이 낮을수록 도전할 가치는 더 높다고 합니다. 어려운 길을 한 번 도전해보는 용기도 인생에서 필요하지 않나 생각합니다. 전국일주 마라톤의 중간지점으로 여겼던 목포 유달산에서 남해안 마라톤 기행을 마무리했습니다.

제29일 영암군 학산면 – 무안군 청계면

제 3 부
서해안에서
임진각으로

제30~32일 무안군-고창군 74.8km
제33~35일 고창군-군산시 69.1km
제36~40일 군산시-예산군 117.8km
제41~45일 예산군-고양시 126.2km

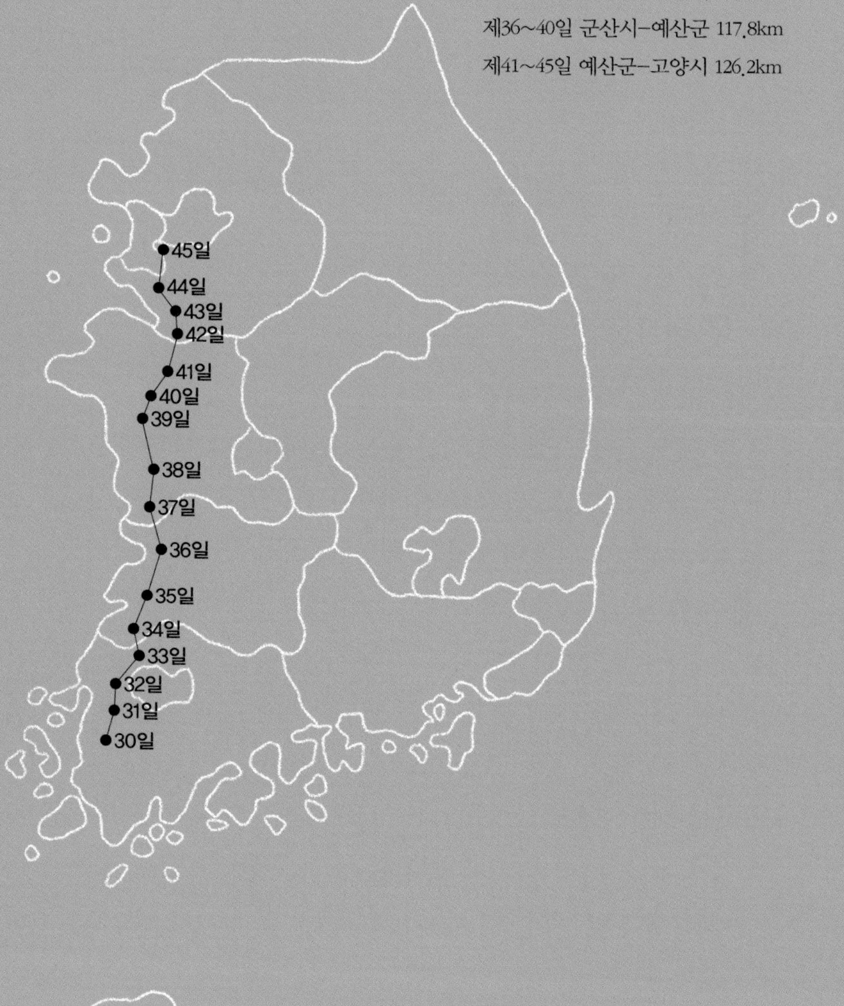

제30-32일 무안군-고창군 74.8km
인간이 상상할 수 없는 거리

 인간의 한계, 울트라 마라톤

12월 6일. 전남 무안군에 있는 국립 목포대학교 앞 출발선에 섰습니다. 우여곡절의 연속이었으나 어느새 반환점으로 삼았던 목포를 지나자 가슴이 뭉클해오는 느낌과 함께 불끈 팔다리에 힘이 솟았습니다.

마라톤 코스에는 출발점, 반환점, 도착점이 있습니다. 반환점에서 달려왔던 길을 되돌아가서 결승점에 도착하는 왕복코스도 있지만 출발점에서 반환점 없이 결승점에 도착하기도 합니다. 출발점과 결승도착점이 같은 순환코스도 있고, 서로 다른 편도코스도 있습니다. 순환, 또는 편도코스를 여러 번 도는 주회코스도 있습니다. 내 경우에는 평창에서 시작해서 전국을 한 바퀴 돌고 다시 평창에 도착하는 마라톤 순환코스에 해당합니다.

마라톤은 달리는 거리에 따라 구분하기도 합니다. 42.195km를 달리는

노랑어리연꽃 *Nymphoides peltata* (J. G. Gmelin) Kuntze
6~9월 개화하는 조름나물과의 여러해살이물풀이다. 뿌리줄기는 물 밑의 진흙 속에 가로로 뻗고 줄기가 끈 모양으로 길고 굵다. 잎자루가 길고 잎은 물에 뜬다.

풀코스 마라톤, 21.0975km를 달리는 하프코스, 10km, 5km 등 풀코스 마라톤보다 적은 거리를 뛰는 단축 마라톤, 풀코스보다 더 긴 거리를 뛰는 울트라 마라톤 등이 있습니다. 울트라 마라톤이란 풀코스 이상의 거리를 달리는 마라톤을 말합니다. 우리나라에도 '한반도횡단 308km 대회', '대한민국종단 537km 대회' 등 많은 공인 울트라마라톤 대회가 있습니다. 1,600여 km를 달리는 이 전국일주 마라톤도 울트라 마라톤이라 할 수 있습니다.

　울트라 마라톤은 출발점에서 도착점까지 쉬지 않고 달리는 경우와 정해진 시간 동안 일정 거리를 구간별로 나누어 달리는 스테이지 런(stage run) 방식이 있습니다. 대회기간 동안 하루의 마라톤 코스를 완주한 다음 휴식을 취하고, 다음날 또 하루의 정해진 마라톤 코스를 완주하는 식으로 반복하여 최종 결승점에 도착하는 식입니다. 순위는 구간별로 기록을 합산하여 정합니다. '미국 횡단 마라톤', '사하라사막 횡단 마라톤', '히말라야 마라톤' 등이 있습니다.

인간의 한계를 알고 싶어 하는 많은 이들이 울트라 마라톤에 도전합니다. 나는 전국일주 마라톤 기행이라는 한계에 도전하고 있습니다. 하루에 25km 정도를 달린 후 오후에는 다음 날 코스를 답사하고, 휴식을 취하거나 주변 마을을 돌아봅니다. 답사를 미리 해도 막상 달리다보면 길을 잃어버려 당황하는 경우가 종종 있습니다. 차도로 달려야 할 때는 속도를 내는 자동차로 인해 목숨의 위협을 받기도 합니다. 지칠 대로 지친 몸이 비명을 지르고 있습니다. 두 달이 훨씬 넘는 마라톤 일정, 1,600km가 넘는 거리를 무사히 달릴 수 있을지 점점 자신이 없습니다.

어제 영암 독천에서부터 친구 정영주 대표가 함께 달리고 싶다며 동반주를 해주어 다리에 힘이 배가되는 것 같았습니다. 오늘 아침 7시 목포대학교 앞을 출발하여 두런두런 이런 이야기 저런 이야기를 하며 달리다가 길을 잃고 엉뚱한 곳으로 가기도 하고 우측으로 회전을 해야만 하는데 직진하여 더 뛰기도 하면서 함평군 함평읍 함평교회 앞까지 갔습니다.

걸린 시간은 21.3km를 달린 것에 비하면 퍽 많은 시간 2시간 52분이었습니다. 그래도 마음과 몸은 가벼웠습니다. 함께해준 친구가 있어 더욱 그랬나 봅니다. 오후에는 12월 7일 달릴 코스 답사를 마치고 무안 백련지를 돌아보았습니다.

저런 쌍연(双蓮)은 처음 본다

　백련지는 30만m²가 넘는 넓은 토지에 많은 연꽃들이 무리지어 피도록 연출해 다양한 연꽃들이 장관을 이루고 있는 곳으로 그 시설이나 관리시스템을 돌아볼 생각이었습니다. 특히 전체 연못에 식재되어 있는 연꽃들의 종류를 꼭 알아보고 싶었는데 담당자의 안내가 미흡하여 후일 다시 올 것을 기약하고 아쉽지만 발길을 돌려야 했습니다.

붓꽃 *Iris sanguinea* Donn ex Horn
5~6월에 개화하는 붓꽃과의 여러해살이풀이다. 산이나 들에서 나며 높이 30~60cm 가량 자라고, 꽃봉오리가 붓을 닮아서 붓꽃이라고 한다. 관상용으로 재배하기도 한다.

　실제 있었던 얘긴지 우스갯소린지 모르겠으나 연꽃에 관련된 재미있는 얘기 하나가 있습니다.

　옛날 궁궐 연못에 연꽃이 많이 심어져 있었는데 아름다운 연꽃이 만발한 모습을 임금께 보여 주고 싶은 신하가 "전하 연못에 기이한 연꽃들이 무리지어 피어 무척 아름다운데 그중에 유독 꽃대 하나에서 두 송이가 피어난 것이 있사옵니다. 이는 필경 궁궐에 좋은 일이 있을 징조로 참으로 상서로운 일이라 아니할 수 없습니다. 한 번 납시어 아름다운 연꽃을 보시지요"라고 했습니다.

그래서 행차한 임금이 이리저리 둘러보다가 꽃 두 송이가 함께 핀 연꽃을 보고는 "오! 참으로 신기하구나. 지미(짐이) 재위 십팔 년 동안 이런 년(蓮) 저런 년 숱한 년들을 보았지만 저런 쌍연(双蓮)은 처음 보는구나"라고 심한 욕처럼 말했다는 얘기입니다.

욕으로 임금님의 스트레스를 풀었는지 그 신하가 스트레스를 풀었는지는 모르지만 난 가끔 연꽃에 대한 이 얘기를 아는 이들에게 해주며 나 또한 스트레스를 풉니다. 임금님이 연꽃을 보러 행차한 이야기 때문인지 갑자기 박근혜 의원이 우리 식물원에 방문했던 때가 생각납니다.

우리 식물원에는 식물원 전경이 한눈에 들어올 만큼 시원하게 펼쳐진 잔디광장이 있습니다. 그 잔디광장을 가로질러 무리지어 핀 꽃 속에 계속 파묻혀 걷다보면 하늘과 마주칠 것만 같은 꽃 천지가 나옵니다. 우리 식물원의 우리꽃 군락지로 6월부터 9월까지 부채붓꽃, 꽃창포, 분홍바늘꽃, 털부처꽃, 노루오줌, 벌개미취, 산수국, 구절초, 산국이 넓은 면적에 걸쳐 무리지어 핍니다.

박근혜 의원이 식물원에 왔을 때는 분홍바늘꽃이 다 지고 씨앗이 날아다닐 때입니다. 분홍바늘꽃 씨앗은 햇빛에 반짝거려 그 모습이 참 아름답습니다. 박의원은 그 모습이 인상 깊었는지 내게 무슨 꽃이냐고 조심스럽게 물어봤습니다.

"우리가 내려오던 길에 하얗게 빛나던 꽃이 뭐예요?"

분홍바늘꽃 *Epilobium angustifolium* L.
6~8월 개화하는 여러해살이풀이다. 줄기는 곧게 서고 거의 가지를 치지 않는다. 고지대의 초원에 나며 꽃의 지름 2~3cm, 높이 1.5m 가량 자란다.

"분홍바늘꽃입니다. 씨방에 씨가 앉아서 꽃처럼 보이는데 꽃이 아니고 씨가 바람 불면 날아가길 기다리고 있는 거예요. 꽃은 6월에 피는데 그 꽃도 무척 아름다워요. 꽃보다 지금 같은 모습이 더 좋아요. 저렇게 반짝이는 모습을 좋아하는 사람이 더 많습니다."

노무현 대통령이 식물원을 방문했을 때는 거침없이 식물원을 돌아보는 스타일이었는데, 박근혜 의원은 말투가 차분하고 행동이 상당히 조심스러웠습니다. 식물원을 안내하고 솔밭광장에서 커피 한잔을 대접했습니다. 박근혜 의원이 차를 마시며 식물원을 인상 깊게 보았다고 했습니다. 나는 자생식물에 대한 의견을 두서없이 전했는데 진지하게 들어주었습니다.

"의원님, 공장 세우고 위성 쏘아 올리고 그러는 것만 과학이 아니잖아요. 이 자연도 과학이에요. 과학분과위원 하시면서 우리 꽃, 우리 나무도 좀 챙겨주시면 좋겠어요."

"예, 그런데 여기 참 좋네요. 어떻게 이런 일을 하게 되셨어요?'

짧은 시간에 할 수 있는 얘기가 아니라서 농담처럼 '그 얘기는 내가 맨 정신으로는 할 수 없습니다. 술 한잔 사주시면 마시면서 말씀 드리겠습니다' 하고 말았는데 지금 생각하면 좀 아쉽습니다.

제30일 무안군 청계면 – 함평군 함평읍

 일곱 왕비가 나왔다는 신산동 명당

　12월 7일, 닭 우는 소리에 잠을 깼습니다. 무척 오랜만에 듣는 닭 우는 소리. 시골스런 정취가 풋풋합니다. 함평 '돌머리해변' 펜션은 기이하게 앞뒤가 다 바다입니다. 파도소리가 양쪽에서 들리니 잠을 못 잘까 걱정도 했는데 한 번도 깨지 않고 아주 잘 잤습니다.

　그런데 새벽에 수탉 몇 마리가 교대로 울어대니 더 잘 수가 없어 멀리 달아난 잠을 아쉬워하며 저놈의 수탉이 몇 마리나 되는지 세어보기로 하고 하나, 둘, 셋 하고 세었습니다. 마리 수를 세다 보니 목이 쉰 듯한 한 마리는 분명 구분이 가는데 나머지는 그 소리가 그 소리 같아 세 마리에서 계속 맴돌았습니다.

　대부분의 조류가 그렇지만 닭은 밤이 되면 앞을 볼 수 없는 심한 야맹증 동물입니다. 때문에 캄캄한 밤에는 언제 적으로부터 공격을 받을지 몰라 불안하고 초조하게 지내다가 날이 밝으면 밤새 무탈한 것에 대한 기쁨과 안도감을 나타내기 위해 일찍부터 운다고 합니다.

　그렇다면 운다는 표현이 잘못된 것 아닌가요? 웃는다고 해야 닭의 마음에 가까울 것 같습니다. 밤새 안녕에 대한 기쁨과 즐거움의 노래니까요. 그런데 사람들은 닭소리는 무조건 운다고 표현을 합니다. 그리고 소, 돼지, 염소, 뜸부기, 뻐꾸기, 종달새 등 동물이나 여치, 매미와 같은 곤충들의 소리를 운다는 표현으로 하는데 왜 운다고 표현을 하는지 이해가 안 됩니다. 웃음일 수도 있는데 말입니다.

많은 동물들 중에서 소가 제일 불쌍한 것 같습니다. 자연 상태에서는 30년을 훨씬 더 살 수도 있는데 인간들이 3년을 넘기지 않고 고기 맛 타령하며 잡아먹으니 말입니다. 내가 1949년생 소띠라서 그런지는 몰라도 소의 커다란 눈을 보면 무척 측은한 생각이 듭니다. 하기야 울지 않고는 견딜 수가 없겠지요. 요즘은 일하는 소가 많지 않지만 내 어릴 적만 해도 논, 밭 갈기, 짐 싣기 등 할 것 없이 온갖 궂은일 다 시키다가 나이 들어 일 잘 못하면 잡아서 고기 먹고, 뼈 삶아 먹고, 내장까지 다 파 먹고, 가죽 벗겨 북 만들고 신 만들고….

닭의 경우도 종족보존을 위해 낳는 알도 인간들이 다 훔쳐 먹지, 병아리에서 갓 태어나자마자 한 달도 안 되어 닭강정이다 튀김이다 영계백숙이다 볶아먹고 삶아먹지, 발은 발대로 내장은 내장대로 남겨두지 않고 다 먹어 버리는 인간을 보고 울지 않고는 못 배길 것이란 생각을 합니다.

돼지, 염소, 말 등도 마찬가지지요. 평생을 울음으로 사는 저들이 불쌍하다는 생각이 들어 아침 밥맛도 잃어버렸습니다. 오늘만이라도 남의 살은 먹지 말아야겠습니다.

아침을 먹고 함평교회 앞에서 출발하여 함평읍 대덕리에서 우회전하고, 대덕삼거리에서 좌회전하여 23번국도로 달렸습니다. 전국일주 마라톤을 시작할 때는 동해를 따라 북쪽에서 남쪽으로, 그리고 남해를 따라 동쪽에서 서쪽으로 달렸는데, 어느덧 서해를 따라 남쪽에서 북쪽 방향으로 달리기 시작했습니다.

강원도에 낭만가도가 있고, 영덕에 블루로드가 있고, 순천에 남도삼백리뱃길이 있다면 영광에는 '백수해안도로'가 있습니다. 동해안, 남해안

해당화 *Rosa rugosa* Thunb. var. *rugosa*
5~7월에 개화하는 장미과에 속하는 낙엽관목이다. 해변의 모래밭이나 산기슭에서 높이 1~1.5m 가량 자란다. 꽃이 아름답고 특유의 향기를 지니고 있으며 열매도 아름다워 관상식물로 좋다.

과 같이 백수해안도로에서도 아름다운 해안의 풍경을 만끽할 수 있습니다. 원불교 영산성지를 시작으로 해안선을 따라 16.8km의 해안도로가 펼쳐져 있습니다. 용암바위, 해당화꽃 30리길, 거북바위와 모자바위 등 기암괴석, 칠산도를 볼 수 있습니다. 이 해안도로는 2011년 제1회 대한민국 자연경관대상 최우수상을 받았다고 합니다.

백수해안로 근처에 영광군 신장리 신사동(신산동)이 있습니다. 이 마을에 한국의 명당 중 하나가 있습니다. 바로 고려시대 대신인 한광윤의 묘입니다. 도선국사는 이곳을 가리켜 승상이 나고, 일곱 명의 왕비가 나고, 자손이 번성할 명당이라고 했답니다.

실제로 청주한씨 중앙종친회에서 왕비록을 찾아보니 공민왕의 비 순

정왕후, 조선 태조 이성계의 원비 신의왕후, 왕위에 오르지 못하였으나 성종의 아버지로 추존된 덕종의 비 소혜왕후, 예종의 비 장순왕후, 예종의 계비 안순왕후, 성종의 비 공혜왕후, 인조의 비 인열왕후가 청주한씨였습니다. 또 수양대군을 도와 계유정란을 일으킨 한명회를 비롯하여 수많은 대신들과 문무 관리, 독립운동가, 국무총리가 배출되었고, 지금도 전국에 수많은 청주한씨가 번성하여 살고 있으니 도선의 말대로 이곳이 명당이기 때문인지도 모르겠습니다.

본래 명당이란 왕을 모시는 신하들이 있는 넓고 평탄한 자리를 말하고, 혈은 왕이 있는 자리라고 한답니다. 전국을 일주하며 각 지방을 발로 뛰다보면 명당인지는 모르겠으나 아름다운 풍광과 평온한 분위기를 가진 마을을 보고 발길을 멈출 때가 있습니다. 금수강산이라는 말이 실감나는 순간입니다.

영광을 달리다보니 굴비 반찬에 법성토정을 반주로 곁들인 저녁을 먹고 싶었습니다. 굴비는 많이 알려진 대로 고려의 대신 이자겸이 그 이름을 지었다고 합니다. 영광에 귀양을 온 이자겸이 밥상을 받았는데 말린 조기가 있어 먹어보고는 맛이 좋아 어떻게 만든 것인지 물어보니 생조기를 소금에 절여 굴에 넣었다가 꺼내 말린 것이라고 어부는 답했습니다. 이자겸은 이렇게 맛있는 음식은 왕에게 진상해야 한다며 그 이름을 '굴비'라 전하라 했답니다. 굴에 넣어 만든 음식이라 굴비라 한 것도 있지만 귀양살이로 실권을 잃었으나 결코 굴하지 않겠다는 숨은 의미를 전한 것이랍니다.

법성토정은 고려시대부터 내려오는 술이라고 합니다. 배가 난파하여 영광에 정착한 몽골사람이 있었는데 고향에서 마시던 술이 생각나서 만들어 마셨다고 합니다. 당시 영광에서 마시던 순한 술과 달리 몽골사람이 만든 술은 몸에서 불이 나는 듯 독한 술이었습니다. 이 술이 법성토정이라는 이름으로 내려오는데 법성토정 한잔이면 오랜 마라톤으로 지친 내 몸도 금세 풀릴 것 같습니다.

제31일 함평군 함평읍 – 영광군 영광읍

고창의 기와집과 초가집

12월 8일. 오늘은 잔뜩 흐린 날씨가 금방이라도 뭔가 쏟아 낼 것 같습니다. 하늘이 심상치 않아 긴장된 마음으로 출발지인 영광초등학교 앞에 섰습니다. 비가 오려는지 눈이 오려는지 검은 구름이 막 모여들고 있습니다.

"비가 올라나 눈이 올라나 억수 장마 질라나
만수산 검은 구름이 막 모여든다."

〈정선 아라리〉 노랫말이 저절로 흘러나왔습니다. 바람도 씽씽 불고 몸도 마음도 바람소리에 쪼그라드는 것 같아 북쪽으로 남아 있는 앞으로의 일정이 걱정되었습니다. 아니나 다를까 어느새 눈이 내리기 시작합니다. 펄펄 날리는 눈을 맞으며 달리기 시작했습니다.

영광초등학교에서 23번국도를 달려 사등마을, 외원마을, 판정마을, 장두마을, 연동마을을 지나 덕산삼거리에 도착했습니다. 고창읍이 코앞에 다가오자 마음이 놓였습니다. 계속 직진하여 고창시내로 들어갔습니다. 군청 앞 오거리에서 성두교차로까지 시내 중앙을 가로질러 달렸습니다. 27.1km를 3시간 14초에 마치고 오후에는 다음날 달릴 코스 답사 후 고려대학교 설립자 인촌 김성수 생가를 둘러보고 가까운 곳에 있는 명창 김소희 생가를 가보았는데 두 사람의 태어난 곳이 무척 대조적이었습니다.

김소희 명창 생가

동아일보와 고려대학교 설립자 김성수 생가

 김소희 명창은 1917년 전라북도 고창 흥덕면에서 태어났습니다. 송만 갑에게 판소리를 공부하고 15세에 제1회 전국 춘향제전 명창대회에서 장원을 했습니다. 안향련, 신영희, 이명희, 안숙선, 오정해 등 많은 제자를 길러냈고, 미국, 유럽, 일본 등지에서 활동하며 판소리를 세계에 알렸습니다. 서울올림픽 개, 폐회식 때는 '떠나가는 배'의 뒤풀이 소리로 세계를 전율시켰습니다. 국악계의 마지막 자존심, 세계적인 소리꾼, 인간문화재로 국창(國唱)이라 불립니다.

김소희 명창 생가는 사포리에 있는데 일부러 찾지 않으면 그냥 지나치기 쉬울 것 같았습니다. 도로에서 보면 초가집이 한 채 보입니다. 방 3칸과 부엌 1칸으로 소박하며 뒤뜰에는 장독대와 우물, 헛간이 있습니다. 이곳은 원래 포구였는데 간척되어 집 앞에 바다가 논이 되면서 바다로 가는 물길이 나있습니다.

김성수 생가는 봉암리에 있습니다. 남쪽에 산을 두고 북쪽의 바다를 바라보는 북향집입니다. 대대로 호남 만석꾼 부잣집이었다고 하는데 집터가 손꼽히는 명당이라고 알려져 있습니다. 행랑채, 사랑채, 안채, 곳간 등 여러 채의 건물이 있는 큰 규모입니다. 인촌 김성수는 대한민국 2대 부통령이고, 동아일보사와 고려대학교 등을 설립하며 정치, 언론, 교육 등 여러 분야에서 활동했습니다.

김성수 생가에서 담 아래 마른 잎을 땅바닥에 깔고 누운 벌개미취 묵은 싹이 내 눈길을 끌었습니다. 벌개미취는 우리나라 특산식물로 세계적으로 우리나라에서만 자라는 귀한 꽃입니다. 거의 멸종되어 갈 무렵 지리산 남쪽 어느 골짜기에서 내가 몇 포기를 채집하여 재배하기 시작한 것이 지금은 전국적으로 제일 많이 심겨져 있는 우리 꽃입니다.

사람들이 일상생활에서 즐겨 사용하는 말 중에 무엇인가 특별히 강조하고 싶을 때 버릇처럼 쓰는 표현으로 '진짜'와 '정말?'이라는 단어가 있습니다. 정말 보고 싶고, 정말 가고 싶고, 정말 멋있고, 정말 맛있고, 정말 사랑한다는…. 정말이라고 하는 단어가 빠지면 뭔가 허전하여 이 말이 들어가야만 꼭 맛이 있고, 멋이 있고, 보고 싶고, 가고 싶고, 사랑하는 뜻이 담겨 있는 것처럼 느껴집니다.

'정말'이란 말이 들어가지 않으면 참이 아니란 뜻인지 그만큼 세상에 거짓이 많단 말인지 아니면 우리들의 삶이 온통 거짓이란 말인지 헷갈립니다. 그래서 나는 일상생활에서 가능하면 정말이란 말과 진짜란 말을 사용하지 않으려고 애를 씁니다.

그런데 장마가 끝나고 폭염이 시작되는 7, 8월의 우리 식물원 풍경은 벌개미취 군락지로 인해 '정말' 아름답습니다. 자욱한 안개 사이로 파란 하늘이 보랏빛으로 내려앉은 듯 이슬을 머금은 벌개미취 군락지는 특히 아침햇살에 찬란합니다.

1년 중에서 7월과 8월에 식물원을 찾는 사람들이 많기 때문에 이에 초점을 맞추어 식물원을 조성한 관계로 식물원의 여름은 다투어 피는 꽃들로 늘 풍성합니다. 시도 때도 없이 이곳저곳에 나타나 재롱을 부리는 다람쥐가 즐겨먹는 원추리에서부터 부처꽃, 동자꽃, 비비추, 깽깽이풀, 솜다리, 산수국, 패랭이꽃, 벌개미취, 참나리, 날개하늘나리, 털중나리…. 짙은 녹음이 단풍으로 변하기 전에 번식을 위한 의식을 치르느라 경쟁하듯 피어나는 꽃 속에 벌, 나비 또한 분주합니다.

종족 보존을 위해 꿀과 꽃가루를 준비해 놓고 벌, 나비가 오길 기다리는 꽃과 생존을 위해 꿀을 찾아가는 곤충들이 서로 돕고 살아가는 모습은 우리 인간도 배워야 할 섭리라는 생각이 들 때가 많습니다. 인간들도 다 투지 말고 저토록 오순도순 서로 도우며 살면 얼마나 좋을까요?

〈헨젤과 그레텔〉로 유명한 독일 작가 그림형제가 쓴 우화집에 신이 세상을 창조하면서 일어난 인간의 수에 관한 재미있는 이야기가 있습니다. 신은 개와 당나귀, 원숭이, 인간에게 똑같이 30년의 수명을 주었습니다. 그런데 당나귀, 개, 원숭이는 30년이 너무 길다며 수명을 줄여달라고 신에게 애원했습니다. 그래서 신은 당나귀에게는 12년, 개에게는 18년, 원숭이에게는 20년씩 정해 주었습니다.

반면 30년이 너무 짧다고 생각한 인간은 수명을 늘려 달라고 신에게 매달렸습니다. 자비로운 신은 당나귀, 개, 원숭이에게 줄여준 수명 40년을 전부 인간에게 주었습니다. 그 결과 인간은 70살을 살게 되었는데 신이 준 수명 70까지 산다고 가정한다면 내게 남은 수명은 이제 6년 정도입니다. 앞으로 몇 년을 더 살지 알 수는 없겠지만 지금껏 살아온 날보다 보람된 삶을 살고 싶습니다.

제32일 영광군 영광읍 – 고창군 고창읍

제33-35일 고창군-군산시 69.1km

잘 마시면 백약의 으뜸

🏃 눈과 싸우며 부안으로 가다

　12월 9일. 아침 일찍부터 펑펑 눈이 내립니다. 뛸 거냐 말 거냐를 놓고 고민을 거듭하다가 '그래! 가야지 눈 온다고 쉬면 겨우내 쉬어야 할지도 모르는데, 가자!' 하고 나섰습니다. 내 상태가 많이 안 좋아 보였는지 스태프 손유정 팀장이 조심스럽게 하루 쉬면 어떻겠냐고 제안을 해왔습니다.

　"나도 오늘 같은 날 뜨뜻하게 방 데워 놓고 하루 뒹굴고 싶지만 그런다고 누가 데려다 주냐? 가자."

　승합차 시동을 걸어놓고 이것저것 잠시 준비를 마친 후 어둠이 채 가시지 않은 눈 내리는 도로를 조심조심 달렸습니다. 숙소에서 나와 출발

고창에서 눈보라에 덮이다

지인 고창읍 성두리 성두교차로까지 오는 데만도 꽤 많은 시간이 걸렸습니다.

성두교차로 앞에서 달리기 시작했습니다. 바람은 별로 없지만 내리는 눈이 시야를 가리는데다 미끄러운 길을 달리는 차량들의 소음과 녹아내린 눈이 질퍽거려 그야말로 악전고투였습니다. 달리는 옆으로 대형차량이 '휘익' 하고 지나가면 온몸에 흙탕물이 튀었습니다. 처음에는 이리 저리 피하려고 애써 보았지만 몇 번 반복하고 나니 저절로 체념이 되어 나중엔 지나는 차량을 구태여 피하려 들지도 않게 되었습니다.

출발지에서 8.5km쯤 되는 곳에서 내리는 눈 때문에 아래만 보고 달리다가 부안 가는 11시 방향 진행을 놓치고 말았습니다. 결국 3km 넘게 엉뚱한 방향으로 달리다가 잘못 달린 거리를 아까워하며 제 코스를 찾아 다시 눈과의 전투를 계속했습니다.

15km쯤 달렸을까 미끄럽고 질퍽거리는 길을 4륜 오토바이를 타고 가시던 어르신께서 내 가까이 오시더니 "아니 이런 날씨에 운동하시는가? 우리 집에 가서 커피 한잔하고 가시지" 하며 따라오셨습니다.

　식물원에서 여기까지 오는 동안 처음 있는 일이고 이런 날씨에 커피 한잔하고 가는 것도 괜찮을 것 같아 마음속으로 잠시 고민을 했지만 일찍 일정을 마치고 쉬고 싶은 욕심에 "감사하지만 이대로 가겠습니다" 인사하고 발길을 재촉했습니다. 그분은 내 옆으로 같이 달리며 집이 가까우니 가서 쉬어 가라시며 한사코 몇 번씩 강권하셨지만 끝내 그 어르신의 호의를 저버렸습니다.

　몇 발자국 안 가서 후회가 되어 뒤를 돌아보았지만 어르신께서는 이미 어디론지 사라지고 말았습니다. '그래, 그때 그 어르신과 함께 그 댁으로 가서 차도 한잔하고 그분의 세상사는 얘기도 한번 들었어야 했는데….' 옹졸한 속내를 보인 나 자신을 자책하며 터덜터덜 달렸습니다.

제33일 고창군 고창읍 – 부안군 보안면

거대한 자(尺) 위를 달리다

12월 11일. 이틀 동안 내린 눈으로 길은 엉망진창이었습니다. 하루를 쉬었지만 장딴지가 당기고 허벅지도 뻐근하고 허리도 아팠습니다. 추위 때문에 옷을 많이 껴입어서 마치 커다란 짐을 지고 있는 것 같았습니다. 오르막길도 별로 없이 평탄한 길인데도 부안에서 김제까지의 길은 도무지 줄지가 않았습니다.

넓은 들판에 쭉 뻗어 구부러진 곳 없는 직선의 도로는 마치 거대한 자(尺) 위에서 뛰고 있는 느낌이었습니다. '징게맹게(김제 만경)'라는 유명한 사투리가 실감 났습니다. 눈을 감고 뛰어도 될 것 같은, 그런 만경들판이었습니다. 실제로 눈을 감고 뛰어 보기도 했습니다. 몇 발자국 못갔지만….

다행히 안개가 자욱하여 지평선 끝이 보이지 않아 그나마 덜 지루했습니다. 뿌연 안개가 눈가에 신선하게 와 닿았습니다. 팔을 휙 휘둘러 한 움큼 안개를 잡아 봤습니다. 촉촉한 느낌이 손바닥에 남았습니다. 안개 속을 얼마나 달렸을까, 조금씩 밝아오는 길가 나뭇가지에 몇 장 남은 잎을 힘겹게 달고 있는 인동이 보였습니다.

꽃이 필 때는 새하얗고 질 때쯤이면 누렇게 되어 금은화라고도 불리는 인동을 보면 늘 어머니 생각이 납니다. 어머니는 인동을 퍽 좋아하셨습니다. 어머니가 인동을 유독 좋아하신 까닭은 꽃이 고와서라기보다 인동 줄기로 만든 약이 어머니의 병을 치료하는 만병통치약이 되었기 때

인동 *Lonicera japonica*

5~6월 개화하는 인동과 덩굴식물이다. 산과 들의 양지바른 곳에서 길이 약 5m 가량 자란다. 줄기는 오른쪽으로 길게 벋어 다른 물체를 감으면서 올라간다. 가지는 붉은 갈색이고 속이 비어 있다. 겨울에도 곳에 따라 잎이 떨어지지 않기 때문에 인동이라고 한다.

문입니다.

인동으로 술을 담가 마시기도 하고 달여서 환을 내어 매끼 식사할 때마다 드시기도 하고 그냥 팍팍 삶아 마시기도 하고…. 머리가 아파도 인동이고 허리가 아파도 인동이고 팔다리가 아파도 오로지 인동이었습니다.

인동은 85년을 살다 가신 어머니의 동반자였습니다. 그런 까닭에 나는 초등학교 3학년쯤부터 인동에 대해서는 잎과 꽃이 아닌 줄기만 보고도 분간해 낼 수 있는 능력을 키웠습니다.

1960~70년대 민주화 운동이 한창이던 아픈 시절 인내의 상징으로 곧

삼지구엽초 *Epimedium koreanum* Nakai
5월 개화하는 매자나무과에 속하는 여러해살이풀이다. 산자락의 약간 그늘진 곳에 나며, 높이 30cm 가량 자란다. 한방에서 강장, 강정, 이뇨제로 쓰인다.

잘 인용되기도 했던 인동이 요즘은 약도 되고 술도 되고 차로도 즐겨 마시는 다양한 기호 식물로 이용되고 있습니다. 어머니는 아무래도 선견지명이 있으셨나 봅니다.

전국의 산기슭에서 흔히 자라는 인동은 추운 곳에서는 잎이 지고, 따뜻한 곳에서는 녹색 잎인 채로 겨울을 나는 반상록성 관목으로 줄기가 오른쪽으로 감아 올라갑니다. 잎은 마주나고 타원형이며 6월에 새하얀 꽃이 피는데 꽃이 핀 후 3~4일이 지나면 약간 누런색으로 변하기 때문에 금은화라고도 합니다. 꽃에 나는 달콤한 향이 일품이며 줄기는 해열, 이

뇨, 간염 치료 등의 약재로 쓰입니다.

인동처럼 약으로 쓰이는 자생식물 중에 삼지구엽초가 있습니다. 습기가 많고 양지바른 산지에서 매우 평범하게 볼 수 있습니다. 한방에서는 '음양곽', '방장초'라는 이름으로 더 잘 알려져 있습니다.

옛날 중국의 어느 양치기 할아버지가 하루에도 몇십 번씩 교미를 하면서도 건강하게 살아가는 숫양을 유심히 살펴보니 숫양은 가지가 셋으로 갈라지고 잎이 석 장씩 달린 이상한 풀을 즐겨 뜯어 먹고 있었습니다. 할아버지가 저 녀석은 왜 이풀만 먹을까? 하고 자기도 그 풀을 뜯어 먹어 보았습니다. 그 풀을 뜯어 먹자 갑자기 힘이 생겨 산에 오를 때 짚고 간 지팡이도 던져버리고 할머니가 있는 집으로 뛰어 내려갔다고 합니다. 사람들은 노인의 젊음을 다시 찾아준 이 풀을 '음탕한 숫양이 이걸 먹고 교미만 밝힌다' 하여 음양곽이라 불렀습니다. 또 '노인도 이걸 먹으면 지팡이를 내팽개치고 할머니에게 달려간다' 하여 방장초라 하였습니다.

나는 식물원에서 삼지구엽초로 술을 담아 놓고 손님이 오면 한잔씩 마시곤 합니다. 식물원에 올 때마다 이 술을 즐겨 마신 분이 있는데 두산의 박용성 회장입니다. 박용성 회장은 식물을 무척 좋아합니다. 그는 해외에 출장을 가면 업무를 보고 남는 시간에 식물원을 찾아다닌다고 합니다. 우리나라에서 식물과 연관된 사진 자료를 가장 많이 가지고 있는 분인 것 같습니다. 그 자료만 관리하는 비서가 있을 정도입니다. 자신이 찍은 식물사진으로 달력을 만들기도 합니다.

박용성 회장이 우리 식물원에 식물도 보고 사진도 찍으러 가끔 오는데, 내가 만든 삼지구엽초 술을 참 좋아합니다. 삼지구엽초로 만든 술은 맑고 상당히 독합니다. 그는 그런 술을 술잔도 아니고 일반 물컵에 따라 마십니다. 하루는 항상 얻어 마시기 미안하다며, "내가 이래뵈도 술도가 주인이 아니오. 내가 맨날 얻어먹기 미안하니까 술을 좀 보내줄게요" 했습니다.

나는 술도가 주인이 인정하는 술을 만들 수 있어서 기분이 좋았습니다. 삼지구엽초 술을 만드는 방법을 설명하며, "삼지구엽초 술은 30도가 넘는 소주에 담아야 합니다. 술에 있는 약성을 다 뽑아내려면 20도, 21도 하는 술에서는 부족합니다"라고 하니, "알았어요. 꼭 30도짜리로 보내줄게요" 하면서 돌아갔습니다.

얼마 지난 후에 식물원에 두산 공장장이라는 사람이 트럭으로 술을 싣고 왔습니다. 너무 많이 보내서 좀 놀랐는데, 그 이후로도 계속 소주를 보내주어 삼지구엽초 술을 담갔습니다.

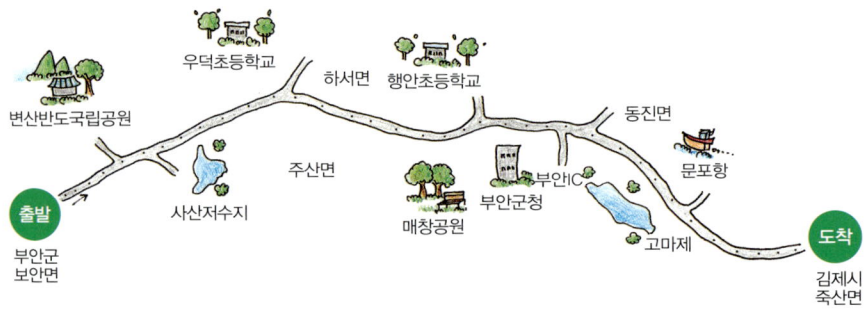

제34일 부안군 보안면 – 김제시 죽산면

 ## 광활한 지평선 속의 벽골제

    12월 12일. 김제 죽산에서 군산으로 가는 코스를 달렸습니다. 동해안의 7번국도를 거쳐 남해의 2번국도 그리고 목포에서 서울로 가는 3번국도를 따라 이곳 군산까지 오는 동안 내내 대형 덤프트럭들의 횡포는 대단했습니다.

    국도를 달리든 지방도를 달리든 마을길이든 달릴 때 가장 두려운 존재가 대형 덤프트럭입니다. 승용차는 씽씽 달리기는 해도 차선 따라 곱게 진행을 하고 큰 트레일러도 차체는 크고 웅장한 소리를 내고 달리지만 짐을 단단히 묶고 달리므로 큰 위험은 적습니다. 버스나 카고 트럭 같은 경우도 그런대로 눈치껏 피해가며 뛸 수 있는데 덤프트럭의 경우에는 대책이 없습니다. 적재함 덮개는 형식적으로 만들어 놓은 것인지 성한 차가 한 대도 없고 대부분 덮으나 마나 한, 너덜너덜 찢어진 깃발 같은 포장을 휘날리며 달립니다. 굉음을 내며 과속으로 옆을 지날 때는 가슴이 무너져 내리는 것 같은 충격에 휩싸입니다.

    또한 덤프트럭에서 흘러내려 갓길까지 튕겨져 나와 나뒹굴고 있는 조그만 돌, 자갈들이 운동화 밑바닥 홈에 자주 끼어 그것을 빼고 달리느라 하루에 족히 30분씩은 그냥 허비를 했습니다. 달리는 내내 갓길에 널브러져 있던 작은 자갈돌들이 운동화 밑바닥 틈을 파고 들어와 그 돌을 빼내느라 많은 시간을 낭비했습니다. 덤프트럭이 낙하물 방지시설을 제대로 하고 규정 속도로 운행하기만 해도 도로의 크고 작은 사고들을 훨씬 줄일 수 있을 겁니다.

　끝없이 펼쳐진 김제평야를 가로질러 달렸습니다. 김제는 삼한시대부터 벼농사를 시작한 곳입니다. 우리나라에서 하늘과 들이 맞닿은 광활한 지평선을 볼 수 있는 곳은 이 지역뿐이 아닐까 합니다. 이 넓은 평야에 둑을 쌓아 저수지를 만들어 물이 필요할 때 공급하던 수리시설이 있습니다. 백제가 국운을 걸고 만들었다는 우리나라에서 가장 오래된 저수지인 벽골제입니다. 저수지라고 해서 규모가 작을 것으로 예상할 수 있지만 기록을 살펴보면 벽골제의 규모가 엄청난 것을 알 수 있습니다. 일례로 태종 15년인 1415년에 전라감사 박습이 제방을 개·보수했는데 이 공사가 2개월간 계속됐고, 벽골제의 물을 쓰는 논밭이 3천만 평에 이르렀다는 기록을 보면 그 크기를 짐작할 수 있습니다.

　벽골제는 대규모 공사였기 때문에 그와 관련된 지명이나 전설이 지금까지 남아 있습니다. 포교리의 '신털뫼'는 제방 북쪽의 나지막한 산입니다. 조선 태종 때 제방 보수 공사를 위해 전국에서 엄청난 사람들이 몰렸는데, 공사를 하던 사람들의 신발이 쌓여 산이 되었다합니다. 또 공사에 동원된 사람이 너무 많아 그 인원수를 일일이 헤아릴 수 없어 곡식을 되로 재듯 일정 공간에 사람들을 넣고 수를 세었던 곳이라 하여 '되배미'가 있습니다.

　월승리의 '제주방죽'은 벽골제 공사를 위해 제주도에서 사람들이 올라왔는데 배를 타고 오다가 풍랑을 만나 공사가 끝나서야 김제에 도착해서 미안한 마음이 들어 방죽을 만들어 주었다는 데서 유래합니다. 또 월승리의 '명금산'은 서기 790년 통일신라 원성왕 때 원덕랑을 파견하여 벽골제의 보수 공사를 했는데, 당시 김제 태수의 딸 단야 낭자가 공사하는 이들을 위해 거문고를 타주었다고 해서 붙여진 이름입니다. 단야 낭자와 관련된 유명한 전설이 있습니다.

벽골제 보수 공사 책임자인 원덕랑은 약혼녀가 있었으나 단야 낭자는 그를 몰래 흠모했습니다. 공사 규모가 큰 관계로 공사 진행이 제대로 이루어지지 않자 원덕랑과 김제 태수는 고민이 많았습니다. 그런데 백성들은 벽골제의 공사를 제대로 하려면 벽골제에 제물을 바쳐야 한다는 전설을 믿고 있었습니다. 전설은 벽골제에 청룡과 백룡이 살고 있는데 청룡은 성질이 사납고 백룡은 유순하니 처녀를 제물로 바쳐 청룡을 잠재워야 한다는 내용입니다.

김제 태수는 원덕랑의 약혼녀가 김제에 왔다는 소식을 듣고, 잔꾀를 내었습니다. 청룡을 잠재우기 위한 제물로 원덕랑의 약혼녀를 바치려고 한 것입니다. 공사도 제대로 되고 약혼녀가 없다면 원덕랑과 딸 단야가 맺어질 수 있을 것이라고 생각한 것입니다. 그런데 이 사실을 눈치 챈 단야는 아버지인 김제 태수가 죄를 짓지 않도록, 원덕랑이 약혼녀를 잃지 않도록, 벽골제의 공사를 무사히 마칠 수 있도록 자신이 스스로 제물이 됩니다. 단야의 이런 희생정신을 기려 지금도 단야 소원무, 쌍룡놀이가 전해집니다.

수많은 이야기 속에 길고 긴 역사를 담고 있는 벽골제는 일제시대에 크게 훼손되었습니다. 우리나라의 곡창지대인 김제평야에서 일제의 수탈이 자행되었고, 항일운동이 일어났습니다. 조정래의 『아리랑』은 이를 배경으로 한 대하소설로 김제시는 이 지역에 아리랑 문학관을 조성하였습니다.

덕유산국립공원과 이의철 회장

　김제평야를 지나 군산시 개정면에 도착하여 오늘 여정을 마쳤습니다. 전국일주 마라톤은 가능하면 해안 가까이로 달리려고 하기 때문에 내륙지방을 돌아볼 기회가 적습니다. 이곳 김제에서 동쪽으로 7, 80km쯤 가면 무주에 덕유산국립공원이 있습니다.

　전라북도 고산지대에 있어 전북의 지붕이라 하는 무주, 진안, 장수를 '무진장' 고을이라고 부르기도 합니다. 덕유산국립공원에는 무주리조트가 있는데 처음 리조트를 조성할 때 조경공사 고문직함으로 내가 참여했습니다. 당시 리조트 설계를 미국의 유명한 골프장을 설계한 아놀드파마가 맡았는데 내가 리조트 조경을 우리 풀꽃으로만 하려고 하니 반대를 했습니다.

　설계회사는 경사진 면이나 파헤친 곳에 외국산 식물의 씨앗으로 시드 스프레이(Seed Spray)를 해야 깔끔하고 효과가 좋다고 했습니다. 시드 스프레이는 씨앗, 비료, 물 등의 혼합물을 펌프로 경사면에 뿌리는 공법으로 완경사의 낮은 비탈면 시공에 많이 이용합니다. 설계회사에서는 미국에서 많이 하는 방법이라면서 이 방식을 고수했습니다. 내가 그랬습니다.

　"이곳은 덕유산이다. 덕유산이라는 곳은 우리의 국립공원이다. 국립공원에다 외국산 풀씨를 뿌리면 되겠냐. 나중에 풀이 자라서 외국산 풀이 이곳을 덮는다? 입장을 바꿔서 만약에 우리가 미국에 가서 공사를 하는

흰민들레 *Taraxacum coreanum* Nakai
4~5월 개화하는 여러해살이풀이다. 저지대의 양지바른 곳에서 나며 민들레와 꽃의 색깔만 다르다. 잎과 뿌리는 식용하고 꽃은 말려서 약용한다.

데 옐로스톤 국립공원 같은 곳에 우리나라 풀씨를 뿌린다면 어떻겠냐. 국립공원을 이용하는 국민들이 어떤 기분이 들겠냐. 좀 덜 깔끔하고 덜 화려하더라도 우리 꽃으로 하는 게 낫지, 국립공원에 외래종 씨앗은 안 된다. 절대 동의할 수 없다."

묵묵히 듣고 있던 설계회사 대표는 더 이상 시드 스프레이를 주장하지 못하고, 내 의견에 동의했습니다. 그래서 무주리조트는 우리 풀과 나무로만 리조트가 조성되기 시작했습니다. 당시 운영사인 쌍방울의 이의철 회장은 우리 고유의 식물 유전자원에 대한 애착이 대단하여 나를 적극적으로 지원해주었습니다. 그리고 황원 건설본부장과 조정일 조경과장은 나의 든든한 동반자로 무주리조트 전체를 우리 풀과 나무로만 조성하기로 했습니다.

뿐만 아니라 리조트 내 골프장 1홀에서 18홀을 모두 우리 야생화로 꾸미기로 했습니다. 이를테면 1홀에는 나리를 심어서 나리홀로, 2홀은 원추리를 심어서 원추리홀로, 3홀은 민들레홀 등등. 이의철 회장은 내게 그 꽃이 피는 계절에 가서 골프를 같이 치자고 했습니다. 안타깝게도 중간에 쌍방울이 어려워지면서 약속이 지켜질 수 없었습니다. 무주리조트를 보면 그때 마무리하지 못한 조경과 지키지 못한 약속 때문에 늘 마음이 아픕니다.

제35일 김제시 죽산면 – 군산시 개정면

제36-40일 군산시-예산군 117.8km

3억 년 넘게 이 땅을 지켜온 나무

 역사의 도시, 군산

 12월 13일. 오늘은 전라도 군산을 달립니다. 군산시 개정면 발산초등학교 입구에서 출발했습니다. 발산초등학교에는 보물 제234호인 석등, 보물 제276호인 고려시대의 5층 석탑 등 문화유물이 많이 있습니다. 초등학교 안에 문화재가 있어 이상하다고 생각했는데 알고 보니 일제에 의한 수탈의 역사가 숨어 있었습니다.
 예전 발산초등학교 자리에 일본인 농장이 있었습니다. 일제 강점기에 일본인 지주는 주변 지역의 문화재를 약탈하여 자신의 농장과 집에 장식용으로 사용하였습니다. 또 3층 금고 건물을 만들어 수탈한 한국의 고미술품, 현금 등을 보관했습니다.
 발산초등학교 자리에 있던 농장처럼 군산지역에는 일본인들의 거대한 농장이 많았습니다. 전국의 일본인 소유 토지 중 절반이 호남지역에 있었고, 군산지역에 가장 많았습니다. 대부분 조선 농민의 논을 침탈하여 농장을 운영했습니다. 땅을 뺏긴 농부들은 소작농으로 전락했는데 일본인 농장주의 노예와 다름없는 신분이었다고 합니다. 일제는 우리에게 수탈한 쌀을 군산항에서 일본으로 보냈는데 부두에는 쌀이 산처럼 쌓였었다고 합니다.

나라가 힘이 약하면 국민도 문화재도 제 설 곳을 잃는다는 것을 다시 한 번 되새기며 발산초등학교를 출발하여 최호장군교차로에서 우회전하였습니다. 최호 장군은 조선 선조 때의 명장으로 정유재란 중 칠천량해전에서 원균과 함께 전사하였습니다. 그는 통일신라시대 한문학의 대가인 최치원의 후손입니다.

최치원은 통일신라시대 말에 태어나서 13세에 홀로 당나라에 유학을 가서 이름을 떨치고 귀국하여 신라 말기의 어지러운 나라를 바로잡고자 하였으나 골품제라는 신분제에 가로막혀 큰 뜻을 펼치지 못하고 산천을 떠돌다 가야산에서 죽은 것으로 알려지고 있으나 진위를 확인하기 어렵습니다. 그의 출생과 죽음에 대해서 알려지지 않았기 때문에 그의 출생지도 정확히 어디인지 알 수 없습니다. 당연히 최치원은 경주 최씨의 시조로 경주에서 태어났다고 생각할 수 있는데 그가 군산에서 태어났다는 이야기가 있습니다.

최치원의 호가 문창후인데 군산의 옛 이름이 문창군이었고, 최치원이 월영대에서 학문을 가르쳤다는데 군산 고군산군도 월영대가 있고, 자천대에서 최치원의 글 읽는 소리가 중국에까지 들렸다는 이야기가 전해지는데 군산 바닷가에 자천대가 있었습니다. 옛 지도를 보면 자천대는 소나무가 아름답게 펼쳐지고 백사장이 드넓은 해안에 자리했으나 일제 강점기에 비행장 공사를 하면서 허물어진 것을 옥구로 이전했다고 합니다.

삼국시대에 군산은 백제의 땅입니다. 4세기 근초고왕 때 금강 아래가 백제의 영토가 되었습니다. 금강은 백제의 수도인 사비성으로 가는 유일한 뱃길이었기 때문에 군사적 요충지역이 되었습니다. 삼국통일전쟁 당시 나당연합군이 상륙작전을 펼친 곳이고, 침입하는 당나라군을 맞아 백제군이 장렬히 싸운 곳이고, 신라가 통일을 완성한 곳입니다.

이 땅의 오랜 역사 속에 사연 없는 도시가 없지만 군산은 특히 많은 역사가 담긴 도시가 아닐까 하는 생각을 하며 군산역교차로를 지나 하굿둑 사거리에서 금강을 건넜습니다.

제36일 군산시 개정면 – 서천군 서천읍

매국노는 떠나라던 서천의 이상재

12월 14일. 서천을 달리고 있습니다. 군산 하굿둑을 넘어서자마자 서천군을 홍보하기 위하여 설치해 놓은 현수막에 쓰인 문구가 보입니다. '세계 제1의 생태도시 서천'. 요즘은 '생태'라는 말이 유행어가 되어 버렸습니다. 생태도시, 생태숲, 생태공원, 생태마을, 온통 생태, 생태, 생태입니다.

서천은 월남 이상재가 태어난 곳입니다. 그는 1850년 충청남도 서천군 한산면 종지리에서 출생하여 1927년 서울 재동에서 78세를 일기로 세상을 떠났습니다. 구한말의 정치가이면서 사회운동가였던 월남은 여러가지 웃지 못할 일화가 많지만 특히 일제 치하에서 매국노로 '칭송' 받는 이완용과 송병준에게 동경으로 이사를 가라고 권유한 일화로 유명한 지도자입니다.

일제 통감부 시대에 조선미술협회의 창립총회가 있는 날 조선총독이었던 이등박문을 위시하여 일본의 높은 지위에 있는 사람들과 이완용, 송병준 등 친일파들이 참석했다고 합니다. 그때 월남도 행사에 참석을 하였는데 마침 앞에 앉은 이완용과 송병준에게 넌지시 "대감들은 동경으로 이사를 가시지요"라고 했답니다.

무슨 영문인지 모르고 그들이 "무슨 말씀이신지?" 하고 놀란 표정을 짓는데 월남이 "대감들이 망하게 꾸미는 일에는 천재들이니 동경에 가면 일본이 망할 게 아니겠소?"라고 했답니다. 참 속 시원한 한마디가 아닐 수 없습니다. 이런 훌륭한 분이 태어난 서천이니 흔한 생태도시 대신 '월남 이상재 선생의 출생지 서천'이라는 슬로건이 나을 것 같다고 나 혼자 중얼거렸습니다. 아니면 "세계 제1의 생태도시를 꿈꾸는 서천"이라 하던지….

바람이 차고 날씨도 너무 추워 일정을 소화하는데 무척 힘들었습니다. 줄줄 흘러내리는 콧물을 두꺼운 벙어리장갑으로 닦고 또 닦다 보니까 코밑도 얼얼하고 장갑까지 젖어 양손이 다 시려 장갑 속에서 주먹을 움켜쥐고 달려야 했습니다. 아니 터덜터덜 걷듯 뛰었습니다. 달린다는 표현이 어울리지 않을 정도로 속도도 낼 수 없고 발도 시리다 못해 저리고 무릎도 저리고 아무데나 주저앉고 싶었지만 그러기엔 날씨가 너무 추워 계속 달릴 수밖에 없습니다.

목표량 22.2km를 달리는데 2시간 30분이나 걸렸습니다. 날씨도 춥고 몹시 힘든 날이었지만 금강하굿둑에서 철새들이 무리지어 날던 아름다운 모습은 내 마음속에 길이 남을 것 같습니다.

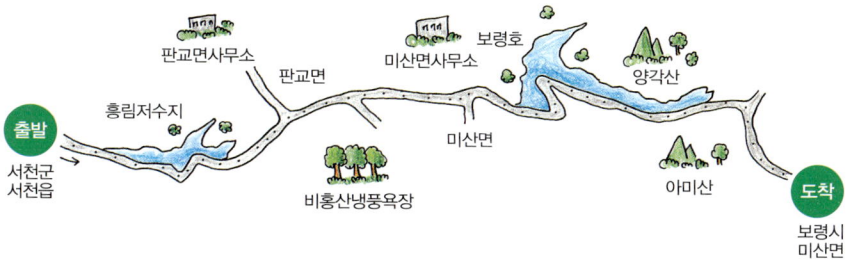

 ## 황새가 뱁새를 따라 달리던 보령의 은행나무 길

    12월 15일. 맑은 날씨가 계속됐습니다. 보령시 미산면에서 청라면까지의 코스를 달렸습니다. 도로에는 잎을 다 떨어뜨린 은행나무들이 유령처럼 줄지어 서 있습니다.

    은행나무는 지금부터 약 3억 5천만 년 전부터 지구상에 살아온 식물로 영국의 생물학자 다윈이 화석식물이라 칭한 나무입니다. 은행나무는 중국이 원산지로 알려져 있으며 씨가 은처럼 희고 살구처럼 생겼다고 하여 붙여진 이름입니다. 옛날부터 주로 사찰이나 향교 등에 많이 심었고 하늘의 뜻을 알리는 나무라 하여 관가에도 많이 심었는데 이는 백성의 억울함을 보살피지 않고 악정을 펴는 관원을 응징한다는 뜻으로 심었다고 합니다. 현재 우리나라에서 자라고 있는 은행나무들 중에서 가장 크고 오래된 것은 약 1,100여 년을 살아온 경기도 용문사 대웅전 앞에 있는 은행나무(천연기념물 30호)로 높이 약 60m, 가슴 높이의 둘레가 12.3m에 이르는 것으로 동양에서 가장 크다고 주장합니다.

    은행나무가 동양에서는 예부터 인간들과 더불어 살았지만 세계적으로 관심을 끌기 시작한 것은 1945년 히로시마에 최초로 원자폭탄이 터져 모든 것이 사라졌을 때 그 중심에서 800m쯤 떨어진 곳에 있었던 은행나무가 다음해 1946년 봄에 싱싱한 새싹을 틔웠던 사실이 알려지고 나서부터입니다. 모든 것이 완전히 파괴된 듯 보이던 곳에서 새싹이 난 은행나무로 인해 정복될 수 없는 희망이라는 새로운 상징이 탄생했습니다. 이

2차 대전 당시 원자폭탄이 투하된 지점에서 약 800m 떨어져 있는 축경원의 은행나무

나무는 그 후 55년의 세월이 흐른 지금에도 아주 잘 살고 있습니다.

다른 나무나 풀들도 그러하지만 난 은행나무와는 꼭 한번 대화를 해보고 싶습니다. 3억 년이 넘도록 이 땅을 지켜온 나무. 그래서 더욱 경이롭습니다. 인간의 삶을 100년으로 후하게 쳐주어도 300만 번을 나고 또 죽을 세월 동안 살아온 나무. 그 세월 속에 녹아 있는 인간들의 얘기들을 은행나무에게 들어보고 싶은 겁니다.

암수딴그루인 은행나무는 생식세포를 서로 다른 나무에서 발육시킵니다. 열매는 건강과 장수를 가져다준다 하여 결혼식이나 큰 잔치에서는 빼놓지 않고 사용했으며 굽거나 음식에 넣어 먹기도 하지요. 과육의 외피에 다량으로 함유하고 있는 락산은 화장품의 원료로 쓰이고, 은행잎은 자연에서 생성되지 않는 희귀한 분자를 함유하고 있는데(GBE(Ginko Biloba

Extract)) 이는 뇌 신진대사를 원활하게 해주고 혈액순환과 혈관을 활성화시켜 주는 특성을 가지고 있습니다.

예로부터 중국에서는 장수의 상징이 되었는바 나무 자체가 오래 살기도 하지만 위와 같은 특성이 있기 때문입니다. 어린 시절 부채꼴 모양의 노란 잎을 책장 사이사이에 끼워 놓곤 했던 추억이 그립습니다.

지난번 광양에서 가족과 함께 응원해주었던 김동욱 회원이 또 동반주를 해주겠다며 이곳 보령까지 와 주었습니다. 고흥 마라톤 대회에 참가했다가 부상을 당했는데도 불구하고 달려와 걱정도 되었고 고맙고 또 고마웠습니다. 김동욱 회원은 전국대회에서도 2시간 30분대 기록으로 늘 우승을 하는 선수입니다. 최고 기록이 3시간 26분대인 나와 함께 보령을 누볐습니다. 황새가 뱁새 걸음에 발장단을 맞춰 즐겁게 달려주었습니다.

"동욱아! 얼마나 힘들었냐? 뱁새 따라 오느라고…."

제38일 보령시 미산면 - 보령시 청라면

# 추사 고택에서 만난 다산의 제자

　12월 16일. 보령시에서 예산군으로 달렸습니다. 예산에는 추사 김정희가 태어난 고택이 있습니다. 추사 고택은 1700년대 중반에 지은 53칸 규모의 한옥으로 사랑채와 안채가 분리된 전형적인 양반가의 모습입니다.

　추사의 옛집이 있는 예산에 오니 다산의 제자인 이학래가 생각납니다. 다산 정약용의 유배시절 제자 중에 이학래라고 하는 사람이 있습니다. 1792년에 태어나 1861년 죽은 이학래는 1802년 가을 열두 살에 스승 다산에게 절 올리고 글을 배우기 시작했습니다. 조선시대 모든 아동들과 마찬가지로 천자문부터 공부를 했는데 어찌나 영특했던지 무척 글공부에 뛰어났다고 합니다. 또 다른 제자인 다산이 무척 아낀 제자 황상에게 그러했듯이 이학래에게도 문사를 공부하라고 했습니다.

　이학래는 영특한데다 부지런하고 꼼꼼해서 자료수집이나 편집정리 등에 탁월한 능력을 보였습니다. 글을 배운 지 1년여가 지난 1803년 10월 13살부터 다산의 『상복소기』喪服小記: 상례에 관한 예의범절 간행에 참여할 정도였습니다. 가르친 사람이 뛰어난건지? 아니면 이학래가 천재였는지?

　아무튼 다산이 저술한 대부분의 서적은 이학래의 손을 거쳤다고 해도 과언이 아닙니다. 이학래는 3년여 동안 다산 곁에서 학문을 익히고 저술을 돕기도 하다가 열다섯 살 되던 해에는 아예 스승을 자신의 집으로 모셨습니다. 스승에게 더 많은 공부도 하려니와 무언가 계산된 생각도 있었겠지만 어쨌든지 다산이 이학래의 집에서 머문 기간은 한 2년쯤 된다고

합니다.

배움을 시작한 지 1년여 후인 열세 살부터 스승을 돕기 시작하여 1821년 봄 다산이 귀양이 풀려 능곡 자택에 기거할 때까지 20여 년을 다산 정약용의 저술을 도왔습니다. 이학래 외에도 저술 활동을 도운 제자들이 많지만 이학래만큼 역할을 한 사람은 없었습니다. 이학래의 도움 없이도 다산이 과연 600여 권의 저서를 남길 수 있을까? 반문하는 학자도 있을 정도입니다.

이런 이학래가 1821년 마지막으로 능곡의 마재(다산의 집)를 찾았을 때 그의 나이는 31세였습니다. 그때까지도 스승 다산에 기대어 과거시험 공부를 했지만 번번이 실패하였는데 스승 다산은 이학래가 과거 시험 보는 것을 못마땅하게 생각했다고 합니다.

무슨 연유에서인지는 몰라도 다른 제자들에게는 열심히 공부하여 시험에 응시해 보라고 격려를 하면서 자신에게만은 과거시험 보는 것을 만

류한 데 대해서 무척 서운하게 생각하던 중 아예 서른한 살 되던 1821년부터는 스승을 떠나 추사 김정희를 가까이 하면서 과거시험에 몰두하였습니다. 그러나 그때마다 시험에 낙방하여 자그마치 40년 70세까지 과거시험에 매달렸습니다.

그러나 신분의 벽에 걸려서 낙방을 했는지 실력이 부족해서 그랬는지는 모르겠으나 마지막 일흔한 살에 과거에 실패하고 우물에 빠져 자살을 했습니다. 그 아들들은 아버지의 좌절을 보고 아버지처럼 되지 않겠다며 공부를 하지 않았다고 하는데 이를 『다산의 후반생』차벽 지음을 읽고 이학래의 아픈 일생이 무척 아쉬웠습니다. 아마도 옛 과거시험과 현재 각종 고시를 통틀어서 가장 오랫동안 재수를 한 사람이 아닌가 생각되어 그의 삶이 안타깝습니다.

제39일 보령시 청라면 – 예산군 광시면

 의좋은 형제의 고장 예산

12월 18일. 예산군 광시면에서 예산읍 간양교차로 앞까지 달리는 데 3시간 33분이 걸렸습니다. 100회 마라톤 클럽의 이문희, 신두식, 허남헌, 전재금, 김순옥, 신수예 회원이 단체로 뛰어주어 참으로 행복했습니다.

국민학교. 지금은 초등학교로 명칭이 바뀌었지만 그 시절 국어책인지 도덕책인지 기억은 잘 나지 않지만 의좋은 형제에 대해 공부했던 기억이 있습니다. 한 마을에서 의좋게 농사를 지으며 살아가는 형제애를 강조한 내용으로 서로 도와가며 사는 모습이 기억에 남아 있는 내용이었는데 이것이 동화가 아닌 실제 있었던 실화임을 이곳 예산에 와서 알았습니다.

얘기의 무대는 충청남도 예산군 대흥면 상중리. 고려시대 부모에 대한 효성이 지극함은 물론 돈독한 형제애로 칭송이 자자하던 이성만과 이순 형제의 행적을 기리기 위하여 1418년(세종 1년) 지신사(知申事) 하연(河演)의 주청에 따라 1497년 연산군 3년에 효자비가 세워졌다고 합니다. 비 높이는 142cm, 폭 43.4cm의 조선 초기 양식의 화강암 비석입니다.

의좋은 형제와 함께

이 형제는 부모가 살아 계실 동안에는 맛난 음식으로 지극정성 봉양하고 부모가 죽은 뒤에도 부모 묘소에서 3년씩 나누어 시묘살이를 했습니다. 형제간의 우의가 돈독하여 아침에는 형이 아우의 집으로 가서 식사를 하고 저녁에는 동생이 형님의 집에 가서 식사를 했으며 어쩌다 음식이 생겨도 형제가 함께 있을 때 같이 먹었다고 합니다.

이성만 형제의 의좋은 행실을 왕에게 아뢰자 조정에서 표창하고 자손들에게 영원히 모범이 되게 하기 위해 비석까지 세워 주었다는 내용입니다. 나는 많은 사람들에게 형제간에 우애 있게 지내라는 것을 강조하기 위해 지어낸 내용의 동화인 줄로만 여태껏 알고 있었는데 실제로 있었던 일이라는 데 감명을 받았습니다. 의좋은 형제와 사진 한 장 찰칵.

제40일 예산군 광시면 – 예산군 예산읍

제41-45일 예산군-고양시 126.2km
행동의 가치는 끝까지 이루는 데 있다

 한 걸음에 꽃 한 송이

　12월 19일. 바람이 심하게 불어 무척 춥게 느껴졌습니다. 충남 예산군 예산읍 간양교차로 앞에서 출발했습니다. 도고온천 입구에서 직진하여 인주 방향으로 달렸습니다. 인주에서 평택으로 가는 도중 아산 방조제를 달려서 건너는 데 많은 시간이 걸렸습니다. 바람이 심하게 불어 춥고 힘든데다 쭉 뻗은 국도 위를 달리는 것이어서 지루하기 이를 데 없었습니다.
　달리면서 지나가는 버스 숫자를 세어 보기도 하고 국산 자동차와 외국산 승용차의 비율이 어떤지 헤아려 보기도 하고 5분 동안에 내 앞을 지나는 차량이 몇 대나 되는지 세어보기도 하지만 좀처럼 거리가 줄어드는 것 같지 않고 지루하기만 했습니다. 앞으로 식물원을 어떻게 가꿀 것이며 나의 삶은 어떻게 설계할 것인가 하는 생각은 이미 저만큼 멀어져 있고 그

미선나무 *Abeliophyllum distichum* Nakai
흰색의 꽃이 3~4월에 잎보다 먼저 개화하고 작년에 만들어진 가지에 총상꽃차례를 이루어 핀다.
키는 1m 가량이며 보라색을 띠는 가지는 네모지고 밑으로 처진다. 잎은 마주나고 난형이며 잎가장자리가 밋밋하고 잔털들이 나 있다.

저 힘들다는 생각 밖에 나지 않습니다.

'한 걸음 한 걸음 내디딜 때마다 우리 꽃 이름이나 하나씩 생각해볼까? 세계에서 단 한 종 밖에 없으면서 자생지가 천연기념물로 지정된 미선나무, 할머니와 손녀간의 아픈 전설을 품고 있는 할미꽃, 종을 치는 노인의 슬픈 전설이 깃든 초롱꽃, 많은 이들에게 복을 내려주는 복수초, 용이 보랏빛 꽃으로 내려앉은 용머리, 버릴 것 하나 없는 영초 산국….'

미선나무는 전국 5곳에 자생지가 있습니다. 충청북도 괴산군 장연면 송덕리와 추점리, 칠성면 율지리, 영동군 매천리, 전라북도 부안군 변산면 중계리입니다. 이 5곳이 천연기념물로 지정될 정도로 희귀한 식물입니다. 온지구 땅덩어리를 통틀어 우리나라 일부 지역에서만 자라는 귀한 자원으로 그 가치는 이루 헤아릴 수가 없습니다.

미선나무는 열매의 생긴 모양이 예쁜 부채를 닮은 데서 이름이 유래했다고 하는데, 꽃이 분홍빛을 띤 것은 분홍미선, 상아 또는 우윳빛으로 피는 것은 상아미선, 꽃받침이 연한 녹색인 것은 푸른미선, 열매 끝이 움푹 들어가지 않고 둥글게 열리는 것은 둥근미선이라 부릅니다. 새로 나오는 나무줄기가 사각형을 이룬 특징을 가진 미선나무는 1919년 일본 식물학자 나카이가 처음 세상에 알린 뒤 일본과 유럽, 미국 등지로 퍼져나가 세계의 웬만한 식물원에서는 모두 미선나무를 볼 수 있습니다.

할미꽃은 높은 산을 빼고는 우리나라 전역에 걸쳐 살고 있는 여러해살이풀로 햇볕이 잘 들고 건조한 곳이면 어디서든지 잘 자라는 우리의 다정한 꽃입니다. 대부분의 식물이 겨울의 긴 잠에서 깨어나기도 전인 이른 봄, 추위 탓인지 온몸에 하얀 털을 뒤집어쓰고 피어나 긴 겨울이 가고 봄

동강할미꽃 *Pulsatilla tongkangensis* Y. N. Lee & T. C. Lee
3월 말~4월 개화하는 미나리아재비과의 여러해살이풀이다.
동강 일대의 암벽지대에서 나며 높이 15~20cm 가량 자란다. 한국 특산식물로 꽃 색깔은 자주색, 보라색, 분홍색, 흰색 등으로 다양하다. 땅을 보고 피는 보통 할미꽃과는 달리 위를 향해 핀다.

이 왔음을 알려주는 '봄의 전령'입니다. 할미꽃은 물을 무척이나 싫어하여 물가에는 절대로 없습니다.

할미꽃이라는 이름은 아마도 번식을 위해 꽃씨를 달고 날아갈 깃털이 마치 할머니의 풀어헤친 머리카락 같아서 붙여진 이름이 아닌가 합니다. 할미꽃엔 애절한 전설이 얽혀 있습니다.

아주 먼 옛날 어느 산골마을에 어린 두 손녀만을 키우며 어렵게 살아가는 할머니가 있었습니다. 손녀들은 자라서 시집을 가게 되었는데 언니는 얼굴이 예쁜 덕에 이웃마을 부잣집으로, 그보다 못한 동생은 아주 먼

곳 가난한 집으로 시집을 가게 되었습니다.

가까이 사는 큰 손녀는 할머니를 늘 구박하고 소홀히 대했습니다. 할머니는 마음씨 착한 작은 손녀가 그리워 해짧은 겨울 길을 나섰지만 손녀가 사는 마을이 가물가물 내려다보이는 고갯마루에서 허기와 추위로 쓰러져 죽고 말았습니다. 할머니의 죽음을 애통해 하던 작은 손녀는 자기 집 뒷동산 양지 바른 곳에 할머니를 고이 묻었는데, 이듬해 봄 무덤가에 이름 모를 풀 한 포기가 나와 할머니의 구부러진 허리처럼 땅을 딛고 진홍빛 아름다운 꽃을 피웠습니다.

할미꽃은 내가 어렸을 때만 해도 길섶이나 뚝방길이나 밭둑, 동산의 잔디밭 등 어디서든지 흔히 눈에 띄는 평범한 풀이었지만 지금은 눈을 씻고 찾아봐도 눈에 잘 띄지 않습니다. 논둑 밭둑에는 제초제 때문에 그 고운 할미꽃이 온데간데없이 사라진 지 이미 오래고, 산길이나 뚝방길 역시 귀화한 키 큰 식물들의 위세에 밀려 찾아보기 힘들어졌습니다.

많은 사람들이 이런 할미꽃을 정원이나 화분에 심어 가까이 두고 싶어 하지만, 물을 싫어하고 햇볕을 좋아하는 등 성질이 까다로운 데다가 관리 요령 미숙으로 실패하는 경우가 대부분입니다. 화분에 기를 때는 물을 너무 많이 주면 뿌리가 썩으므로 물주기에 주의해야 하며, 햇빛이 잘 드는 곳에 놓아두어야 합니다.

금강초롱꽃은 창백한 보랏빛 청사초롱처럼 생긴 모양에 금방이라도 환하게 불이 밝혀질 것 같은 아름다운 모습입니다. 이 꽃은 한국자생식물원에도 몇 개체밖에 없는데 그나마도 누군가 자꾸 캐갑니다. 많은 사람들이 보고 즐길 수 있도록 놓아두었으면 좋으련만 식물원에서조차 캐가고

금강초롱꽃 *Hanabusaya asiatica* (Nakai) Nakai
8~9월 개화하는 초롱꽃과의 여러해살이풀이다. 높은 산에서 나며 높이 30~90cm 가량 자란다.
잎이 4~5장이 근접하여 어긋나므로 돌려나기 잎처럼 보인다. 한국 특산식물이다.

뜯어가고 하니 참으로 답답한 마음입니다.

    초롱꽃은 종꽃이라고도 부르는데 이런 전설이 있습니다. 옛날 어느 고을에 종탑을 지키는 노인이 있었는데 하루에 세 번 아침, 점심, 저녁때를 맞춰 종을 치는 것이 그의 일과였습니다. 노인이 치는 종은 그 시간이 정확하여 온 성안 사람들의 생활은 종소리에 의해 이루어지고 있었고 노인 또한 그러한 생활에 긍지를 가짐은 물론 유일한 낙으로 살아가고 있었습니다. 그러던 어느 날 이 고을에 새로운 원님이 부임했습니다. 그는 종소리를 무척 싫어하여 종치는 일을 중지시켰습니다. 종을 치던 노인은 한없이 슬퍼하다가 종탑에서 몸을 던져 죽게 되었는데 그 죽어간 자리에서 꽃으로 피어난 것이 바로 초롱꽃입니다.

걸음마다 꽃 한 송이씩 이름을 부르며 경기도 평택시 현덕면 권관2리 버스정류장 앞까지 왔습니다.

 ## 대한민국은 쓰레기 공화국

　12월 20일. 평택 현덕 버스정류장 앞에서 달릴 준비를 했습니다. 한국자생식물원을 출발하여 동해, 삼척, 울진, 포항 등 동해안을 거쳐 남해안, 서해 3번국도를 따라 이곳 평택까지 오는 동안 국도와 지방도 논둑 밭둑 하다못해 징검다리도 건너며 달렸는데 가장 안타까웠던 것이 끝없이 널려 있는 쓰레기를 보는 것이었습니다. 특히 국도변에 널브러져 있는 쓰레기는 마치 도로 가장자리가 쓰레기장이라 할 만큼 수많은 쓰레기들로 넘쳐나고 있었습니다.

　바람이 불면 이리저리 굴러다니는 일회용 컵, 백기처럼 혹은 조기(弔)처럼 휘날리며 아무데나 걸려 펄럭이는 휴지와 농사용 비닐, 마구 구겨버린 담뱃갑, 흩어져 있는 담배꽁초, 음료수 캔 등 이루 헤아릴 수 없을 만큼 쓰레기들이 많았습니다. 참으로 큰일이구나 싶었습니다.

　지금까지 달리면서 가장 많이 본 쓰레기 순위를 정해 보았습니다. 전국적으로 제일 많은 것은 담배꽁초였습니다. 그 다음이 담뱃갑, 세 번째가 일회용 컵, 네 번째가 음료수 캔, 다섯 번째가 각종 과자봉지, 여섯 번째가 농사용 비닐 그 다음이 작업용 장갑, 각종 플라스틱 용기류, 빈 라면봉지, 고무장갑, 헌 옷가지 등등이 10위권 안에 들어 있고 부서진 선풍기, 냉장고나 타이어 등 엄청 큰 생활폐기물까지 굴러다니고 있는 모습은 우리 모두 한번 보고 반성해야 할 거라고 생각했습니다. 버려진 자동차가 없는 것이 그나마 다행인 듯했습니다.

쓰레기는 수도 없이 보며 달렸는데 도로에 떨어진 돈은 딱 천 원을 주워봤습니다. 양산에서 이른 아침 보슬비 내리는 어둑어둑한 길을 달릴 때 길에 떨어진 천 원짜리가 보였습니다. 그 돈을 주워서 스태프인 박명수 씨에게 주었는데 비에 젖은 돈을 말린다고 자동차 엔진에 얹어둔 걸 잊고 차를 운전하는 바람에 다시 잃어버렸습니다. 전국을 일주하면서 길에 떨어진 돈을 얼마나 주울 수 있을까 하는 생각을 언뜻 했었습니다. 우리나라 사람들이 돈 관리를 얼마나 확실하게 하는지 50일이 다 되도록 주인 없는 돈은 천 원이 전부였습니다. 쓰레기처리도 돈 관리 하듯 좀 확실하게 하면 좋겠다는 생각을 했습니다.

제42일 평택시 현덕면 – 화성시 향남읍

 흐르는 세월과 인간의 시간

  12월 21일. 화성시에서 안산시로 달렸습니다. 전국일주 마라톤 투어를 시작한 지 어느새 꽤 많은 시간이 지났습니다. 흔히들 세월을 흐르는 물에 비유하는 경우가 많습니다. 쏜 살 같다고도 하구요. 인간의 삶이 짧다는 것을 비유적으로 표현하는 것이겠지만 빨리 흐르는 세월 속에 속절없이 늙어가는 자신도 세월이 낚아채 가는 것처럼 사람들은 표현합니다.

  그런데 가만히 생각해 보면 흐르는 것은 세월이 아니라 인간의 삶이 아닐런지요? 자신의 의지는 아니지만 인간이 슬며시 세상에 와서 스스로 늙어 가는 것인데 사람들은 세월을 탓하는 게 아닐까. 남의 탓 잘하는 교활한 인간들이 제가 늙어 죽는 것도 '세월 때문'이라고 하는 게 아닐까. 그렇게 삶이 짧다고 세월 탓을 하면서도 마치 끝이 없이 살 것처럼 행동하는 것이 잘난 우리 인간이라는 생각을 해 봅니다. 세월은 그냥 그 자리에 있는데….

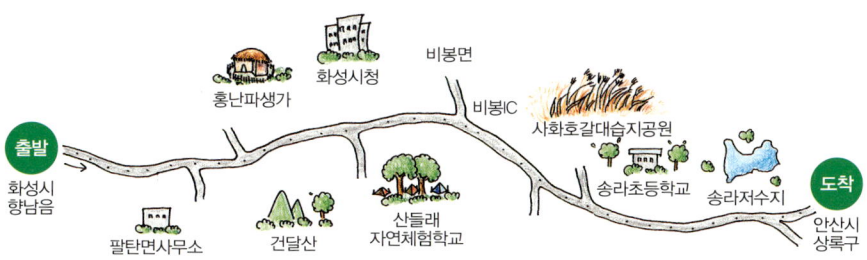

제43일 화성시 향남읍 - 안산시 상록구

서방극락의 땅, 안양

　12월 22일. 경기도 안산시 상록구 건건동에서 출발하여 안양과학대학교 앞을 달려 안양대교사거리, 석수역을 지나 드디어 서울에 입성했습니다. 여의도 인도네시아대사관에 도착하면, 식물원을 출발하여 지금까지 달린 거리가 1135.8km입니다. 전체 코스 중 70%를 달린 것입니다.

　강원도를 달릴 때만 해도 부산도 못가서 포기할까봐 주변 지인들에게도 알리지 않고 전국일주 마라톤을 시작했습니다. 출발한 지 하루도 안 지나서 몸이 너무 힘들어 다시 생각해 봐야 하는 게 아닌가 싶기도 했었습니다. 눈비와 심한 눈보라를 얼굴에 맞으며 달릴 때는 입에 담지 못할 욕이 저절로 나왔고, 몸이 극한까지 고통스러울 때는 괜히 이일 저일 안 좋은 기억만 되살아나 달리는 내내 눈물을 줄줄 흘리기도 했습니다.

　이제 서울에서 파주를 지나 동쪽으로 달려 다시 한국자생식물원까지 가는 마지막 코스가 남아 있습니다. 날은 점점 더 추워지는데 남한 땅의 가장 추운 지역을 달려야 하는 부담감이 있지만 지금까지 달려온 대로 열심히 달려보자는 다짐을 했습니다.

　안양은 선사시대부터 사람이 살던 유서 깊은 고장입니다. 원래 안양 지역은 과천, 금천으로 불렸는데 '서방극락'이라는 뜻의 '안양'으로 불린 것은 삼성산의 안양사라는 절에서 유래했다고 합니다.^{안양의 유래에 대해서는 여러 가지 설이 있다.} 삼성산은 통일신라시대의 원효대사, 의상, 윤필이 함께 '삼막사'^{고려시대 지공, 나옹화상, 무학대사가 삼막을 지었다는 설도 있음}라는 사찰을 지

두메부추 *Allium senescens* L.
8~9월 개화하는 백합과의 여러해살이풀이다. 산지에 나며 높이는 20~30cm 가량 자란다.
잎의 단면이 납작한 반원기둥 모양이다. 전초는 식용한다.

어 수도하였다는 데서 나온 이름으로 삼성산에는 많은 절과 암자가 자리해 있습니다.

삼성산 아래로는 수리산이 있는데 수리산은 안양, 안산, 군포의 경계를 이루고 있습니다. 수리산은 그 모습이 독수리가 날개를 펼친 모습과 비슷하다 해서 수리산이 되었다고도 하고 수리사라는 절이 있어 수리산이 되었다고도 합니다.

수리산은 물이 좋기로 유명한데 안양의 물중에서 수리산 물을 최고로 쳤답니다. 수리산에 있는 '찬우물'은 아무리 가물어도 마르지 않고 수량이 일정하고 물맛이 아주 좋다고 합니다. 이곳 지세가 영험하다는 속설이 있어 무속인들이 많이 살았답니다. 그래서인지 이슬람교 회당도 이곳에 있다는데 우연이 아닌듯 싶습니다.

수리산에는 병목안시민공원이 있습니다. 병목안시민공원이 있던 자리는 과거 일제 강점기 때 석재를 채취하던 곳입니다. 일제는 이곳에서 얻은 자갈을 철도부설용으로 썼는데 채석장으로 인해 수리산 산림이 황폐화되었고 분진이 심했다고 합니다. 안양시는 2004년부터 이 일대를 정비하고, 채석장의 절개면은 인공폭포로 바꾸고, 산림을 복원하는 등 공원을 조성하여 2006년 문을 열었습니다.

병목안시민공원에서 산으로 더 들어가면 담배촌이 나옵니다. 천주교 박해를 피해 수리산에 정착한 교인들이 담배를 경작하며 살았다고 해서 붙여진 이름입니다. 이곳에는 천주교 최경환 성지가 있습니다. 최경환은 우리나라 두 번째 신부인 최양업 신부의 아버지로 천주교인이 된 후 신부 수업을 위해 아들을 마카오로 유학 보냈습니다. 부자였던 최경환은 천주교 금지령을 어긴 죄로 도망을 다니다 빈털터리가 되었고, 결국 담배촌에 숨어살다가 포졸들에게 잡히고 말았습니다. 그와 함께 아내와 5명의 자녀도 함께 잡혀 옥에 갇혔습니다.

젖먹이 막내가 옥에서 죽자 그의 아내는 아이들을 살리려고 배교한 뒤 풀려납니다. 최경환은 배교를 거부하다가 고문을 이기지 못하고 옥사합니다. 배교 했던 아내는 다시 배교를 거부하고 옥에 갇힌 후 당고개에서 처형당했는데, 당시 수많은 사람들이 목이 잘려 죽었기 때문에 시신조차 찾을 수 없었다고 합니다. 당고개는 지금의 용산구 신계동으로 당고개순교성지가 있습니다.

수리산 아래 안양역을 지나 관악역으로 가는 길에 만안교가 있습니다.

산국과 감국 군락

만안교는 정조와 연관이 있습니다. 정조가 아버지 사도세자의 융릉을 참배하러 갈 때 임시 다리를 놓았다가 행차 후에 다시 철거하기를 반복하자 백성이 고단하다 하여 아예 제대로 다리를 건설했다고 합니다. 백성들이 오래도록 편안하게 다리를 이용하라는 의미로 '萬安'이라 이름을 붙였다고 합니다. 만안교가 있는 석수동은 예전에 석공들이 많이 살아서 석수동이라 한답니다.

 안산에서 안양을 지나 여의도 인도네시아 대사관까지 도착하는 데 3시간 반 정도가 걸렸습니다. 피곤한 가운데 대사관 담벼락 아래 내가 좋아하는 감국이 말라비틀어진 채 흉한 몰골로 널브러져 있는 모습을 보자 마음이 아려왔습니다. 부안 김성수 생가에서도 그랬지만 왜 우리 자생식물은 외래종 식물들의 홍수 속에서 겨우 담벼락 밑에 몇 장 붙어서나 눈에 띄는 걸까요?

남아 있는 잎을 손으로 살짝 훑어 코에다 대봤습니다. 향긋한 국화 향이 온몸으로 퍼져 나갔습니다. 우리 옛 풍습에 음력 삼월 삼짇날이면 진달래꽃을 따다가 화전과 진달래술을 담가 먹고, 9월 9일에는 중양절이라 하여 국화잎과 꽃으로 국화전을 만들어 먹는 풍습이 있습니다. 또 국화꽃으로 술을 빚어, 단풍이 들어 아름다운 산과 들과 계곡을 찾아다니며 시를 쓰고 풍월을 읊었습니다. 남녀노소 할 것 없이 제각기 좋지 못한 일을 떨쳐 버리고 무병장수를 기원하는 마음으로 국화전을 먹고 국화로 빚은 술을 마시며 하루를 즐겼습니다. 이 풍습이 이어져 내려온 것을 오늘날의 단풍놀이라고 합니다.

감국은 예로부터 불로장생의 영초로 식용·약용·관상용으로 널리 이용돼 왔습니다. 감국은 버릴 것이 하나도 없는 식물입니다. 봄에는 새싹의 움을 나물로 먹고, 여름과 가을에는 잎과 꽃을 먹고, 겨울에는 뿌리와 줄기를 약으로 다려 먹습니다. 1년 내내 이용 방법에 따라 국화전이나 국화채, 국화주, 국화차로 즐길 수 있습니다.

국화꽃으로 담근 국화주는 연명주라고 해서 수명을 연장해 주는 장수식품인 동시에 주술적 의미를 가지고 있기도 합니다. 중국의 전설적 인물 팽조라는 사람은 국화주를 마시며 800년을 살았다고 합니다. 또 중국 남양의 여현에 있는 감곡이라는 강의 상류에 국화가 많이 피는데 꽃잎에서 떨어지는 이슬이 강물에 섞여 흐르기 때문에 이 물을 먹고 사는 그곳 사람들은 100년을 넘게 장수한다고 합니다. 또 감국의 잎과 꽃을 잘게 썰어

좀개미취 *Aster maackii*
8~9월에 개화하며 줄기는 곧게 서고 높이 60cm 가량 자란다. 잎은 어긋나고 피침 모양으로 길이는 7~9cm, 폭은 1~2cm이다. 가지와 줄기 끝에 방상꽃차례로 자주색의 두상화가 핀다.

베갯속으로 즐겨 활용하는데 국화 베개는 머리를 맑게 해주고 두통을 없애준다고 합니다. 이처럼 국화과 식물인 감국은 우리 일상생활에서 예나 지금이나 없어서는 안 될 귀한 자원입니다.

감국은 전국의 산과 들의 햇빛이 잘 들고 건조한 곳에서 자라는 여러해살이풀로 꽃은 9월부터 11월 거의 눈이 내리기 직전까지 노란색으로 핍니다. 국화과 식물은 세계적으로 2만여 종류나 된다고 하니 그 종수가 실로 대단합니다. 우리나라에는 380여 종류가 있으며 이 가운데 국화 속으로 분류되는 식물은 17종이 됩니다.

금수강산의 가을은 향이 짙은 감국이 있기에 더 아름답다는 생각이 들

정도로 가을은 국화의 계절입니다. 구절초, 산국, 감국, 벌개미취, 좀개미취 등이 흐드러지게 피는 우리 식물원의 내년 가을이 기대됩니다.

제44일 안산시 상록구 - 서울시 영등포구

 한강의 물고기들 길 잃을까봐

　12월 23일. 서울시내 한복판을 100회 마라톤 클럽 회원들과 누볐습니다. 박청우, 최병주, 박상학, 임규섭, 정영주 회원이 함께 달려주어서인지 여의도가 마라톤 대회가 많이 치러지는 곳이라서 익숙해서인지 오늘은 마치 우리 집 안마당을 달리는 기분으로 편안했습니다.

　여의도 인도네시아 대사관 앞을 7시 17분에 출발하여 여의도 시범아파트, 여의중·고교 앞, 서강대교, 연세대학교 앞을 지나 명지대 입구, 북한산국립공원 입구를 거쳐 통일로 필리핀군 참천기념비 앞까지 24.2km가 목표입니다. 여의도 LG트윈타워 앞에서 마포대교로 막 들어서려는 순간 평소에 마포대교 다리 아래로 늘 켜져 있던 조명등이 생각이 났습니다. '오늘도 켜져 있으려나?' 하고 아래를 보려 했으나 볼 수는 없었습니다. 언제부터인가 서울의 밤을 아름답게 보이게 하기 위하여 다리 아래 어지럽도록 휘황한 조명등을 설치했습니다.

　'서울 시내 경관은 영업이나 광고를 위한 각종 네온사인이나 도로 곳곳에 세워져 있는 가로등으로도 화려하기 이를 데 없는데 물속에 있는 물고기들 길 잃을까봐 불빛을 비추는 것도 아니고…. 서울 시내 다리 아래를 비추는 조명등 시설이 날로 늘어나고 있습니다. 그 전기료를 절약하여 어려운 가정에 전력을 공급해 주면 어떨까?' 서울의 밤 한강 수면 위를 비추는 조명등의 1년 전기료는 얼마나 될까? 신촌을 거쳐 연세대 앞까지 꽤 생각하는 시간이 길었습니다.

길거리에서 막걸리 한잔

　어느새 서울을 벗어나 경기도 고양시 덕양구 필리핀 참전기념비 앞에 도착한 시간은 10시 49분. 24km 정도를 달렸는데 3시간 30분 가량 걸렸습니다. 이제 내일 임진각까지 가서 동해안 쪽으로 우회전하면 남은 거리는 약 300km밖에 되지 않습니다. 그러나 앞으로 달릴 산간지역의 도로 사정, 점점 혹독하게 추워지는 기온과 눈이 많이 내리는 날씨에 지친 몸이 얼마나 버틸 수 있을지 장담할 수 없습니다. 하루하루가 최악일 정도로 너무나 고통스러운 여정이지만 달릴 거리가 달린 거리보다 훨씬 짧은 지점에서 완주에 대한 기대감으로 가슴이 뜁니다. 불안과 기대로 잠이 오지 않는 밤입니다.

제 4 부

임진각에서
출발점으로

제46~48일 고양시-포천시 78.9km
제49~52일 포천시-양구군 104.8km
제53~55일 양구군-속초시 72.7km
제56~60일 속초시-평창군 92.3km

제46-48일 고양시-포천시 78.9km

이 땅에 사는 축복

북한을 달리기 위한 출발점, 임진각

　12월 24일. 간밤에 내린 눈으로 길이 질퍽거리고 게다가 운동화에 달라붙은 눈을 털어가며 국도를 달리자니 힘이 두 배는 더 드는 것 같았습니다. 오늘도 100회 마라톤 클럽 박상학, 정영주, 최병주 회원과 함께했습니다. 힘든 길을 동반해주는 회원들에게 드는 미안한 마음이 운동화 밑창에 달라붙는 눈만큼이나 무겁게 느껴졌습니다.

　수많은 차량들이 지나가고 오는 틈을 이리저리 피해가며 운동화 털어가며 힘겹게 임진각에 도착한 시간은 10시 40분. 자유의 다리 난간을 잡고 기념 촬영 후 '반구정 나루터집'에서 장어구이로 멋진 점심 식사에 청양에서 공수해 온 구기자 술까지 곁들였습니다.

　내가 전국일주 마라톤을 계획한 데는 나의 지나온 삶을 되돌아보고

　나머지 삶을 보람있게 마무리해보고 싶다는 마음이 컸기 때문이지만 한편으로는 남북한 구석구석을 나의 두 발로 달려 보고 싶은 생각도 함께 담고 있습니다.

　100회 마라톤 클럽 회원들은 내가 뛴 것처럼 전국을 마라톤으로 일주해 보고 싶다는 말을 많이 합니다. 그들뿐 아니라 전국을 마라톤으로 누비고 싶어 하는 마라토너들이 많습니다. 그러나 내가 전국일주 마라톤 코스를 짤 때는 남한뿐 아니라 남북한을 다 뛰어 보고 싶었습니다. 그런데 북한은 내가 뛰어 보고 싶다고 뛸 수 있는 곳이 아니라서 무척 안타깝습니다.

　북한을 코앞에 두고 전국일주 마라톤 코스를 북쪽이 아닌 동쪽으로 돌려야 했습니다. 임진각 자유의 다리는 내년쯤 아니 내 후년쯤 북한을 달리기 위한 출발점이 되길 마음속으로 기원했습니다. 북한 땅! 나의 두 발

임진각 자유의 다리 앞

로 꼭 달려 보고 싶습니다.

예전에 북한에서 마라톤 대회를 하면 남한 사람들이 참가할 수 있게 한 적이 있습니다. 김대중 대통령 때였습니다. 평양에서 대회가 딱 한 번 열린 후 다시는 개최하지 않았습니다. 나는 그때 다른 일이 있어서 참가를 못했습니다. 내내 아쉬움으로 남습니다. 그 이후에 금강산 마라톤 대회가 열렸습니다. 현대아산이 북한과 합의하여 금강산 관광객을 대상으로 개최하는 마라톤 대회였습니다.

나는 세 번 금강산 마라톤 대회에 참가했습니다. 2004년 2월, 2005년 2월, 그리고 2005년 12월 24일입니다. 12월 24일 경기는 금강산의 온도가 영하 23도까지 내려갔습니다. 너무 추워서 뛰기가 힘들었습니다. 마라톤 대회를 위해 놓아둔 음료수와 물이 꽁꽁 얼어 마실 수 없을 정도였습니다. 온몸의 살점이고 관절이고 전부 얼어붙은 것 같은 느낌으로 삐걱거리며 42.195km를 뛰었습니다.

그토록 악조건 속에서 뛴 금강산 마라톤 대회는 내게 참 좋은 기억으로 남아 있습니다. 내가 마라톤 대회에 참가한 이후로 처음 입상을 한 대회이기도 합니다. 워낙 추운 날씨에 대회를 열어서 서른 명 정도만 참가했는데 나는 4시간 30초의 기록으로 6등을 했습니다. 이 대회는 원래 5등까지 상을 주는데 내가 너무 힘들어 보였는지 6등까지 입상 트로피를 주었습니다. 이 트로피는 내 마라톤 인생 중 유일하게 받은 상입니다.

임진각을 향해 달리는 내내 영국 경제 주간지 '이코노미스트'의 한국 경제발전에 대한 기사가 머릿속에 맴돌았습니다. 한국의 경제발전 성과가 세계에서 유래를 찾아 볼 수 없을 정도라는 평가입니다. 이 잡지는 최근호에서 '정상에 도달한 한국경제 이제 무엇을 해야 하나?(What do you do when you reach the top?)'라는 분석 기사를 통해 한국의 경제발전 사례가 성공을 추구하는 다른 나라들의 본보기가 되고 있다고 극찬을 했습니다.

일제치하 36년과 6·25전쟁을 겪은 후 한국의 1인당 국민소득은 69달러로 최빈국 아프리카 나라들과 같았으나 2011년 말이면 구매력평가(PPP)를 기준으로 한 1인당 국민총생산(GDP)이 31,750달러로 유럽연합 평균 31,550달러보다 높아질 것으로 이 잡지는 추산했습니다. 개발을 위한 원조를 받던 나라가 불과 한 세대에 걸쳐 부국으로 도약한 유일한 나라라는 것입니다.

이로 인해 한국은 경제가 어려운 많은 국가들에게 중국이나 싱가포르, 대만, 홍콩보다 더 훌륭한 경제 성장의 모델 국가가 되고 있다고 합니다. 한국은 경제 성장과 함께 아직은 미진한 면이 없지 않지만 민주화도 이룩

했으며 이제는 국제적 금융위기에서도 그 어떤 선진국보다 빠르게 회복하는 유연성까지 갖추었다며 입에 침이 마르지 않습니다.

하지만 최상위 10%와 최하위 10%의 소득격차가 심화되고 노령인구의 빈곤문제가 심각하며 사회적 지출을 늘리는 것이 과제라고 지적하면서도 한국 경제 모델의 이러한 문제들 때문에 한국이 이룩한 성과와 한국의 지속적인 힘을 과소평가해서는 안 된다고 강조하며 국민들에게 내재되어 있는 혁신의 자질을 끌어낸다면 앞날이 더욱 빛날 것이라는 내용에 가슴이 뛰었습니다.

'그래 한국은 꽤 괜찮은 나라야. 이 나라에 사는 우리는 축복 받은 거고. 그런데 또 하나의 혈육 북한은 어찌해야 할거나.'

제46일 고양시 덕양구 – 파주시 문산읍

 경기도 고랑포의 신라 경순왕릉

12월 26일. 기온이 영하 14도로 무척 춥습니다. 임진강을 따라 전곡을 향해 달리는 내내 콧구멍이고 입이고 할 것 없이 다 얼어붙었습니다. 숨 쉬기도 무척 힘듭니다.

'출발 시간을 좀 늦출걸 그랬나? 아니면 하루 더 쉴걸 그랬나?'

달리면서 계속 후회를 했습니다. 하지만 여러 사정으로 마냥 달리기만 할 수는 없습니다. 여러 일정상 1월 7일에는 마라톤을 마쳐야 합니다. 남은 시간이 너무 촉박하다는 생각에 갑자기 마음이 불안해졌습니다.

어금니 꽉 물고 콧물이 얼어붙은 얼굴을 양손으로 번갈아 가며 감싸고 계속 달렸습니다. 발도 감각이 없어진 지 이미 오래되었습니다. 11월 1일 전국일주 마라톤을 시작한 이래 최악의 날입니다. 앞으로 남은 일정이 걱정이 됩니다. 하지만 그간 달려온 길도 평탄한 적은 없습니다. 무수히 많은 고통을 딛고 지금까지 포기하지 않았기 때문에 "하하하" 크게 억지로 웃으며 더 빨리 보폭도 더 넓게 내딛었습니다.

'그래, 땀을 내야 돼…. 움츠리면 더 추우니까.'

마치 대회에 나가 기록 경신할 때의 기세로 달리고 또 달렸습니다. 그

렇게 23.6km를 3시간이 넘게 달려 파주 적성면에 도착했습니다. '참새때꺼리'란 식당에서 참새 좁쌀 먹듯 점심 식사를 때우고 경순왕릉을 돌아보았습니다. 신라의 마지막 왕이면서도 능이 경주에 없고 임진강 고랑포구 위쪽에 있습니다.

   경순왕은 신라의 마지막 왕입니다. 고려에 맞서는 것을 포기하고 신라를 고려에 바쳤습니다. 고려 왕건은 전쟁 없이 신라를 얻게 해준 경순왕에게 딸 낙랑공주를 시집보내고, 그를 사심관으로 임명하여 경주를 다스리게 했습니다. 또 경순왕의 사촌누이를 아내로 맞아 아들을 두었는데 그가 왕욱입니다. 왕욱은 현종의 아버지입니다.

   『삼국사기』를 지은 김부식은 경순왕이 왕건에게 나라를 바친 것은 아름다운 일로 만약 항거하다 실패했다면 그 종족은 멸하고 무고한 백성이 피해를 입었을 것이라 했습니다. 또 고려 현종은 신라의 외손으로 보위에 올랐고 그 후 대통을 이은 이가 모두 그 자손이니 모두 경순왕의 음덕이라며 그의 결정에 찬사를 보냈습니다.

천 년의 사직을 버린 경순왕은 국운이 다한 어쩔 수 없는 현실을 받아들이고 전쟁으로부터 가족과 백성을 구한 지혜로운 왕일 수도 있고, 왕건에 맞서 한번 용감하게 싸워보지도 않고 나라를 포기한 비겁한 왕일 수도 있습니다. 경순왕은 평생 호의호식하며 왕건보다 35년이나 더 살았다고 합니다.

경순왕에게는 아홉 명의 아들이 있었는데 그중에서 신라의 몰락을 볼 수 없다며 금강산으로 들어가 바위틈 벼랑에 집을 짓고 마의를 입고 풀뿌리로 연명하며 살다가 생을 마친 마의태자가 첫째 아들 '일'입니다. 막내아들은 '황'인데 형님인 태자와 함께 경순왕의 결정에 반대하다가 결국 머리를 깎고 절에 들어가 승려가 되었습니다. 그는 법명을 범공이라 하고 법수사에서 여생을 보냈습니다. 경순왕의 다섯째 아들 '석'은 의성 김씨의 시조입니다. 내가 의성 김씨 전서공후 송호공파 34세손이니 경순왕의 후손이 됩니다.

경순왕이 죽자 고려 조정은 고향인 경주로 그의 운구를 옮겨 장례를 치르려고 했습니다. 그러나 신라의 유민들이 경순왕의 장례식에 모여들어 난이라도 일으킬까 두려워하여 그의 운구가 임진강을 건너지 못하도록 했습니다. 그래서인지 경순왕은 임진강을 건너지 못하고 고랑포구 야산에 묻혀야 했습니다.

연천의 경순왕릉에서 멀지 않은 파주 장단면의 도라산은 경순왕이 산에 올라 신라의 도읍을 그리워했다 하여 '都羅山'이라는 이름이 되었다고 합니다. 파주는 개성과 한양을 잇는 지역으로 임진강을 따라 배가 드나들며 유통업이 발달하였는데 그중 고랑포와 문산포가 물류의 집산지였다고 합니다. 지금은 남북이 분단되고 비무장지대에 가까운 곳이라서인지 예전의 번성했던 모습을 찾을 길이 없습니다.

　신라의 왕으로 유일하게 경주를 벗어난 곳에 묻힌 경순왕! 왕릉이라고 하기엔 초라하기 짝이 없습니다. 하기야 역사의 패자에게는 이 정도도 용궁이지.

제47일 파주시 문산읍 – 파주시 적성면

 슬프도록 붉은 동백꽃과 술이 간절했던 포천

    12월 27일. 전날 추위에 너무 시달려서인지 따뜻한 방에서 잠을 잤는데도 온몸은 늘어지고 밤새 꿈도 꾸었습니다. 봄인지 겨울인지는 모르지만 흐드러지게 핀 동백꽃 숲을 누군가와 마구 뛰며 환호하는 꿈. 꽃은 계절이 바뀔 때마다 방방곡곡 아름다운 곳을 찾아 여행을 떠나는 이들을 설레게 합니다. 사계절 중에서도 특히 봄과 가을은 꽃을 사랑하는 이들에게 축복의 계절입니다.

    얼음장 아래로 흐르는 물소리로 봄을 감지하고 피어나는 복수초, 노루귀, 바람꽃, 괭이눈, 얼레지, 생강나무, 동백꽃…. 어느 것 하나 눈부시지 않은 꽃이 없지만 뚝뚝 떨어지듯 피눈물로 피어나는 동백꽃은 그리움으로 겹겹이 쌓여 핀 듯도 하고, 어둡고 쓸쓸한 밤 소쩍새 울음으로 피어난 듯도 한 어딘가 모르게 아픔을 묻고 있는 꽃 같은 느낌이 듭니다.

    국민가수 이미자의 〈동백아가씨〉란 노래 때문만은 분명 아닌데 여하튼 붉디붉게 눈물 나도록 아름다운 모습으로 피는 동백은 꽃이 채 시들기도 전에 후두둑 땅바닥으로 체념하듯 한꺼번에 떨어지는데 떨어진 그 꽃마저도 무척 아름답습니다. 대체로 12월 말쯤을 시작으로 이듬해 4월까지 남도의 봄을 가꿔주는 동백꽃은 남쪽 사람들이 봄과 겨울에 두 번씩 꽃을 피운다고 생각할 만큼 오랫동안 꽃을 볼 수 있습니다.

    기름을 칠해 놓은 듯 반짝이는 잎을 보면 눈이 부시기까지 해서 누구라도 감탄하지 않을 수 없습니다. 차나무과의 늘푸른나무로 10여 m까지

동백나무 *Camellia japonica* L.
동백나무는 상록활엽 소교목으로 높이 15m 가량, 직경 약 50cm
정도로 자란다. 꽃은 적색으로 잎에 붙어 있거나 줄기의 끝이나
꼭대기에 피고 잎 표면은 짙은 녹색이며 광택이 난다.
관상용으로 쓰이며, 종자는 약용으로 쓰인다.

자라며 원예적 가치가 뛰어나기 때문에 많이 재배되는 대표적 자생 수종입니다. 동백은 따뜻한 남쪽의 해안에서 주로 자라기 때문에 북쪽 추운 지방에서는 볼 수 없습니다.

파주시 적성면에서 포천까지 30.6km를 4시간 가까이 뛰었습니다. 이렇게 추운 날에는 동백의 붉디붉은 꽃 쓸어안고 술 한잔 거나하게 하고 싶습니다. 이번 전국일주 마라톤 기행을 하면서 부쩍 술이 늘었습니다.

제48일 파주시 적성면 – 포천시 영중면

제49-52일 포천시-양구군 104.8km
절제함으로 사는 삶

 광덕리에서 걸린 동상

12월 28일. 포천에서 화천까지 달리는 코스였습니다. 전국일주 마라톤을 하며 가족이나 지인들로부터 걱정의 소리를 많이 들었습니다. 한겨울의 악천후 속에서 남들이 알아주지도 않는 전국일주 달리기를 하며 왜 그렇게 자학행위를 하느냐고 비아냥거리는 소리도 들었습니다. 그렇습니다. 한겨울의 마라톤은 자학행위 중에서도 엄청난 자학행위임이 틀림없습니다.

오늘 최악이면 내일은 더 최악인 날들의 연속이었습니다. 파주에서 포천으로 겨울 바람을 안고 달렸습니다. 콧물이 닦을 새도 없이 얼어붙었습니다. 포천 백운계곡의 꾸불꾸불 '캬라멜 고개'를 걷다가 뛰다가 옛 삼청교육대로 잘 알려진 8사단 유격 훈련장 담장을 팬시리 발길로 한번 걷어

차고 강원도 화천 땅에 동상 걸려 아린 한 발을 들여 놓았습니다.

캬라멜 고개라는 명칭은 길이 마치 낙타 등처럼 꾸불꾸불하고 험하여 한국전에 참가한 외국 병사들이 카멜(낙타)로 부르던 이름인데 이것이 캬라멜 고개로 와전된 것이라고 합니다. 춥고 바람 부는 캬라멜 고개를 넘어 텅 빈 마음으로, 허전한 마음으로 눈 흩날리는 화천 광덕리에 도착했습니다.

마라톤 후에 몸을 녹이기 위해 대중목욕탕을 찾아 들어갔습니다. 목욕탕에 가면 평소에는 뜨거운 물을 싫어해서 열탕에는 잘 들어가지 않습니다. 오늘은 찬바람에 너무 시달려서인지 온도가 높은 데를 찾아 들어앉았습니다. 예전에는 내가 열탕 안에서 이렇게 오래 있을 수 있는지 상상도 못했습니다. 그렇게 뜨거운 물을 싫어했는데 뜨거운 물에 몸을 담그니 몸이 좀 풀리는 듯 했습니다.

　잠시 후 열탕에서 나오는데 언뜻 보니 나의 양쪽 발이 검푸르게 변해 있었습니다. '내가 잘못 봤나?' 다시 살펴보니 종아리까지는 정상인데 발목 밑으로 완전히 피부색이 까맣게 변해 있었습니다. 분명 열탕에 들어갈 때는 괜찮았는데 가슴이 덜컥 내려앉으며 눈앞이 아찔했습니다.

　마치 잉크를 발라 놓은 듯도 하고, 심하게 멍이 든 듯 보였습니다. 가만히 발등의 살을 눌러 봤습니다. 아무 감각도 없었습니다.

'동상인가?'
'이거 발 잘라야 되는 거 아니야?'

　누군가 에베레스트 산에 등정했다가 동상에 걸려 손가락과 발가락을 잘랐다는 뉴스가 불현듯 머리를 스치며 현기증이 났습니다. 순간 동상에 걸리면 얼음물에 발을 담그라는 말이 떠올랐습니다. 질끈 눈을 감고 냉탕에 들어가서 서 있었습니다. 10분 정도 지나니 발이 시리고 온몸이 오그라들었습니다. 그래도 버티며 냉탕에 계속 있었습니다. 발을 들여다보니 검은 색이 좀 빠져보였습니다. 다행이다 싶어서 계속 서 있었습니다.

　그러다 목욕이고 뭐고 바로 목욕탕을 나와서 포천에 있는 병원에 갔습니다. 점점 다리가 심하게 가려웠습니다. 내과인지 외과인지 보지도 않고 무조건 보이는 병원에 들어갔습니다. 의사가 진찰을 하고는 동상이라고 했습니다. 그러면서 '괜찮은 거 같다'고 주사나 약도 처방하지 않았습니다. 병원에서 그냥 나왔습니다.

포천 숙소에 돌아 와서 화장실 쪽에 세숫대야를 놓고, 찬물을 부었습니다. 몸이 너무 떨려 몸은 방에 누이고 발만 화장실 쪽으로 뻗어 계속 담그고 있었습니다. 전국일주 마라톤 기행으로 엄청난 고생을 하고 있지만 탓할 사람이 아무도 없었습니다.

제49일 포천시 영중면 – 화천군 사내면

 빈 산에 눈은 내리고…

　12월 29일. 화천을 달리는 내내 빈 산에 눈이 내렸습니다. 사방을 둘러보아도 하얀 눈 밖에는 보이는 것이 없었습니다. 내리는 눈을 밟으며 조심스럽게 내딛는 발길이지만 산골짜기에 휘몰아치는 눈보라가 춥다기보다 싱그럽기만 했습니다. 문득 췌장암으로 시한부 삶을 살아가는 강영우 박사의 신문기사 내용이 떠올랐습니다.
　그는 중학교 시절 축구를 하다가 친구가 찬 공에 눈을 맞아 실명을 했다고 합니다. 이 소식을 들은 어머니는 8시간 만에 뇌졸중으로 세상을 떠났습니다. 아버지는 이미 3년 전에 돌아가셨고 졸지에 집안의 가장이 된 누나는 서울 평화시장 봉제공장에서 일하다가 과로로 숨졌습니다.
　13세 남동생은 철물점 종업원으로 9세 여동생은 고아원으로 보내지고 본인은 맹인 재활센터로 가야 했습니다. 그토록 참담한 환경에서 공부하여 1968년 서울맹학교를 졸업하고 연세대학교에서 교육학전공을 마친 뒤 미국 피츠버그대학으로 유학, 교육학 박사학위를 취득하고 조지 부시 대통령의 장애인 정책 담당 차관보로 근무하다가 정년퇴직했는데 지금은 암과 투병 중이라고 합니다.
　그의 두 아들 중 큰아들은 미국의 유력 일간지 워싱턴포스트가 선정한 2011년 슈퍼 닥터에 선정될 정도로 훌륭한 의사가 되고, 작은아들은 오바마 대통령의 선임 법률고문이 될 정도로 훌륭한 교육가가 되었습니다.
　국내 언론에서도 여러 차례 '인간승리'의 표본으로 소개됐던 그분이 죽음과 직결된다는 췌장암 선고를 받았습니다. 이런 신문기사를 보고 우리 가슴도 아픈데 본인과 가족들은 어떻겠습니까? 그러나 그는 죽음 너머에는 더 좋은 일이 있을 것이라 생각하면서 암보다 깊은 병이 좌절, 곧 포기라며 젊은이들에게 긍정적 마음을 갖고 살기를 조언해주고 있다고 합니다.

마치 드라마 속의 주인공 같은 강영우 박사입니다. 불어오는 찬바람 탓인지 눈앞이 뿌옇게 흐려져 잘 보이질 않습니다. 달리다가 멈춰 서서 안경을 닦고 다시 갈 길을 갑니다.

'그래, 포기는 아냐!'

빈 산에 눈만 내립니다.

제50일 화천군 사내면 – 화천군 하남면

 선이골 외딴 집에 숨어사는 외톨박이

 1월 2일. 오늘 기온은 영하 13도입니다. 12월 29일 마라톤 후에 몸 상태가 심상치 않아서 결국 집에 가야 했습니다. 발뿐 아니라 귀도 동상에 걸렸고, 몸살까지 겹쳐서 뛸 형편이 되지 못했습니다. 2012년 1월 2일과 3일을 쉬고 다시 장도에 올랐습니다. 어떻게든 2주만 버텨보자는 마음으로 길 위에 섰습니다.

 추운 날씨를 염려해서 장갑과 양말을 두꺼운 걸로 새로 사고, 옷도 보온이 잘 되는 가벼운 옷을 여러 벌 겹쳐 입었습니다. 이제부터는 무리하지 말고 아침 일찍 출발하는 대신 햇살이 퍼진 후부터 뛰자고 생각했습니다.

 바로 어제 출발한 것 같은데 어느새 11월, 12월이 지나고 새해 정월 초이틀입니다. 강원도 화천군 하남면 서오지리 산천마을 입구에서 8시 20분에 출발했지만 몇백 미터도 못 가서 발이 시려 왔습니다. 100회 마라톤 클럽의 이문희 회원과 부인 전재금 씨가 추운 날씨에도 함께 동반주를 해주었습니다. 이문희 회원은 경상도 경주, 전라도 광양, 충청도 예산에 이어 강원도까지 벌써 네 번째 동반주를 합니다. 점점 지쳐가는 내 모습이 안쓰러워 외면하지 못하는 것인지 참으로 미안하고, 고맙습니다.

 달리는 도로 곳곳에 눈이 많이 쌓여 있어 사각사각 눈 밟는 소리가 좋았습니다. 하지만 북한강에서 불어오는 강바람이 몹시 매서웠습니다. 구만 리 고개 넘어 양구 가는 길인 용호리까지 23.7km를 달리고 하루를 마무리 했습니다.

광릉요강꽃 *Cypripedium japonicum* Thunb. ex Murray
5월 개화하는 난초과 복주머니란속의 여러해살이풀이다.
산허리에서 높이 20~55cm 가량 자란다. 잎의 지름은
10~22cm로 방사상의 맥이 있으며 뒷면에 털이 있다.

오후에는 화천에 살고 있는 김명식 형님 댁을 찾았습니다. 화천군 상서면 노동리 선이골에서 다섯 아이들과 함께 자연의 일부처럼 사는 사람입니다. 1970년대 민주화 운동의 중심에 서서 나와 같이 대통령 긴급조치 9호 위반으로 옥살이를 했습니다. 한때 일본에서 한국인 지문날인 거부운동을 주도했던 분이기도 합니다.

그는 IMF시절 약사인 부인 김용희 씨와 함께 다섯 아이들을 데리고 전기도 들어오지 않는 화천의 산골짜기 외딴집으로 들어와서 문명의 혜택 없이 생활해 왔습니다. 아이들은 제도권 학교에 보내지 않고 자신이 세운 '하늘맞이 학교'에서 직접 가르쳤습니다. 그들의 삶이 TV에 방영되고, 김용희 씨가 『선이골 외딴 집 일곱 식구 이야기』라는 책을 내면서 세상에 알려졌습니다.

눈 내리는 선이골에 하얗게 눈처럼 사시는 모습에 왠지 나는 부끄럽습니다. 눈길 닿아 허락된 모습만 즐길 뿐 손에 닿지 않는 것은 애써 구하지 않는다는 형님의 삶의 철학에 늘 감동받습니다.

바람불면 바람 되고,

비 내리면 비 되고,

아! 눈이 내린다.

눈이 되어 하얗게 살고

서리 내리면 서리 되고

안개 속에서는 안개 되어 사는

김명식 형님!

캄캄한 시대 밤뿐이고

쇠창살이고 울음뿐이고 고문뿐인

캄캄한 밤

별밤 이지만

별이 없던 시절에 별로 살던 님!

제51일 화천군 하남면 – 화천군 간동면

5천 년의 시간이 쌓인 용늪

 1월 3일. 터널 많은 양구를 달렸습니다. 오늘 달린 마라톤 코스 25.2km 중 터널 길이만 자그마치 10km나 되는 힘든 날이었습니다. 지도를 보며 다른 코스를 짜보려고 해도 터널을 피해갈 방법이 없었습니다.

 눈이 얼었다 녹았다 하여 울퉁불퉁하고 미끄러운 경사진 도로를 조심스럽게 뛰자니 속도는커녕 마냥 제자리 뛰기를 하는 기분이었습니다. 추곡교차로를 지나서야 평탄한 길이 나왔나 싶더니 어느새 긴 터널의 연속. 수인터널은 3km가 넘을 정도로 길었습니다. 마치 터널 안 먼지를 들이키며 달리는 장애물 경기장 같았습니다. 더구나 차량이 통과할 때는 찢어지는 듯한 타이어와 도로 바닥의 마찰음에 혼이 나갈 정도였습니다.

 이곳 양구에는 고산습지 용늪이 있습니다. 용늪은 해발 1,380m의 구릉지대에 형성된 우리나라 유일의 고층습원으로 1997년 람사르 습지에 등록되었습니다. 용늪은 큰 용늪, 작은 용늪, 애기 용늪 세 곳이 있는데 전체 면적은 1.36km²이고 폭 225m의 달걀 모양으로 형성되었고 강한 산성을 띠며 주로 이끼가 많이 자랍니다.

 용늪 지역은 연평균 기온이 4도 정도입니다. 아무리 더운 한여름에도 16도를 넘지 않습니다. 또 6월에서 9월 이외에는 영하의 기온이고 1년 중 5, 6개월은 안개에 뒤덮입니다.

 이런 환경으로 인해 이끼가 오랜 시간에 걸쳐 썩지 않은 채 분지 형태의 암반 위에 층층이 쌓여 마치 스펀지 같은 이탄층을 형성하게 되었습니

용머리 *Dracocephalum argunense* Fisch. ex Link
6~8월 개화하는 여러해살이풀이다. 산지에 나며 높이 30cm 가량 자라고 줄기는 네모지며 곧게 선다. 전체에 잔털이 있다. 꽃은 줄기 끝에 이삭꽃차례로 달린다.

다. 이탄층은 죽은 식물이 완전히 분해되지 않고 진흙과 함께 퇴적한 지층을 말합니다.

용늪의 이탄층은 두께가 최고 1.8m인데 1년에 약 1mm가 쌓인다고 합니다. 이탄층을 조사한 결과 약 5천 년에 걸쳐 매우 서서히 형성되었으며 현재도 이러한 과정을 거치고 있습니다. 용늪은 5천 년에 걸친 기후변화와 식생의 변화를 비롯한 다양한 정보의 살아있는 박물관입니다.

오랜 기간에 걸쳐 축적되지만 분해되지 않는 습지의 토양은 기후변화의 원인이 되는 이산화탄소의 저장고로서 중요한 역할을 합니다. 용늪은

용담 *Gentiana scabra* Bunge
10월경 개화하는 용담과의 여러해살이풀이다. 산자락에 자라며 줄기는 곧게 서며 높이는 60cm 가량 자란다. 뿌리는 약용한다.

　대암사초, 태백사초, 비로용담의 우리나라 유일의 분포지이며 멸종위기 야생식물인 기생꽃, 조름나물, 닻꽃이 분포하는 식물다양성의 보물창고입니다.

　이곳에서 자라는 용담은 약재로 쓰이는데 용의 쓸개만큼 쓰다고 하여 용담이라고 합니다. 용은 몸이 큰 뱀처럼 생겼으며 등에 81개의 뻣뻣한 비늘이 있고 얼굴은 사나우며 머리에는 사슴의 것과 비슷한 두 개의 뿔이 있고 입가에 한 쌍의 긴 수염과 4개의 짧은 다리를 가진 상상의 동물입니다.

　우리나라를 비롯해서 인도, 중국 등 아시아 여러 나라에서 민속적으로 숭배의 대상이기도 할 뿐더러 특히 중국이나 우리나라에서는 미래를 예시해 주는 신비로운 동물로 숭앙되어 왔으며 제왕과 같은 존재에 비유되면서 용안(임금의 얼굴), 용거(임금이 타는 수레), 용포(임금이 입는 예복) 등 왕권이나 왕위와 관련된 모든 것을 상징적으로 나타냅니다.

이런 용이 민간신앙에서는 물을 지배하는 수신으로 숭배의 대상이었으며 『삼국사기』, 『삼국유사』, 『세종실록』, 『동국여지승람』 등에 수많은 설화의 모티브로 등장하는 주요 대상이기도 했습니다. '미르'라는 순수 우리말의 이름을 가진 용이 유럽에서는 드래곤(dragon)이라는 이름으로 초자연적 힘을 가진 사악한 퇴치의 대상으로 대부분 묘사되었습니다. 지금까지도 용은 영험한 신비의 능력을 가진 대상으로 여겨집니다.

용꿈을 꾸면 최고의 좋은 일이 있을 수 있으며 별로 기대하지 않은 위치 또는 환경에서 성공한 사례를 일컬어 '개천에서 용났다'라는 표현으로 일상생활 깊숙이 자리 잡고 있습니다. 용꿈을 꾸고 난 후 꿈에 부풀어 주택복권 다섯 장을 샀던 기억을 필자도 가지고 있는데 이렇듯 용은 인간들이 지향하는 으뜸의 곳에 자리 잡고 있습니다.

이런 용이 식물의 이름에도 곧잘 나타나는데 용의 쓸개만큼 쓰다는 용담을 비롯해서 꽃이 용의 머리와 흡사한 용머리, 꽃이 다른 유사종에 비해 월등히 큰 용둥굴레, 용버들, 용설란, 용가시나무 등이 있습니다. 가을이 깊어가면서 흐드러지게 피는 국화과 식물들과 색의 조화를 이루며 청자색으로 피어나는 용담꽃은 눈물처럼 곱습니다.

뛰어난 아름다움으로 우리 자생식물 중에서 제일 먼저 외국에 수출하는 종으로 선정되기도 했으며 장미나 백합, 카네이션과 함께 다양한 색상과 모양으로 개발된 꽃입니다. 전국의 산과 들에서 흔히 볼 수 있는 여러해살이풀로 줄기는 1m까지 곧게 자라고 하얀 뿌리가 마치 수염 같습니다. 꽃은 보랏빛으로 잎 겨드랑이에 붙어 피고 뿌리는 한방에서 약재로 씁니다. 비로용담, 흰그늘용담, 진퍼리용담, 덩굴용담 등의 비슷한 종이 있습니다.

용늪의 중요성을 알기 전에는 주위 군부대가 큰 용늪의 일부를 훼손하여 스케이트장을 만들었다고 합니다. 용늪은 주변의 오염원으로 점차 빠르게 육지화 되고 있고 미국쑥부쟁이, 서양민들레 등 외래식물이 자라며 습지생태계가 위협받고 있습니다. 환경부는 용늪을 복원하기 위해 출입제한, 군부대 이전 등을 추진하고 있습니다. 용늪이 훼손되지 않고 5천 년 뒤에도 늪으로 남아 있어 용담과 같은 우리 꽃을 계속 보고 즐길 수 있기를 기대합니다.

제52일 화천군 간동면 – 양구군 남면

제53-55일 양구군-속초시 72.7km
내 삶의 주제는 자연사랑

 청와대의 우리꽃

  1월 4일. 대월이교삼거리에서 휘날리는 눈을 맞으며 출발했습니다. 얼마나 달렸을까. 중국에서나 볼 수 있을 것 같은 커다란 붉은색 간판에 가구를 폭탄세일 한다는 광고판이 앞을 막아섰습니다. 거의 직각으로 꺾이는 길이라서 마치 길을 광고판으로 막아놓은 것처럼 보였습니다.

  근래에 와서 우리들이 평소에 사용하는 일상 용어조차 무척 폭력적이라는 생각을 가끔 합니다. 세일을 한다면서 폭탄세일이라 하니 마치 폭탄을 맞아 아무 쓸모없는 것 같은 상품을 판다는 것인지 아무 쓸모없는 물건 값으로 상품을 판다는 것인지 도대체 헷갈려서 판단하기가 쉽지 않습니다. 물론 헐값에 좋은 상품을 판다는 얘긴 줄은 알지만 그 내용이 폭력적이란 말입니다. TV고 신문이고 방송이고 심지어는 관청에서까지 비가 좀 많이 오면 물 폭탄! 눈이 펑펑 많이 오면 눈 폭탄, 세금이 많이 나오면 세금 폭탄 등등….

'사람들이 점점 폭력적으로 변해가서 그런가?'

신문에 활자화되는 기사내용이나 방송용어, 광고문안 같은 말들은 좀 덜 폭력적인 말로 사용하는 것이 바람직할 것이란 생각을 하며 달렸습니다.

올해로 풀농사를 지은 지 31년. 에델바이스로 시작해서 흰민들레에 이르기까지 풀농사를 업으로 하며 살아온 내 삶의 주제는 자연사랑입니다. 살아 숨 쉬는 자연이야말로 우리의 삶을 진정한 삶으로 느끼게 하는 기본이라 생각하기 때문입니다. 우리 모두가 인간다운 삶의 기본 틀인 자연의 섭리를 지켜 갈 때 점점 폭력적으로 변해가는 메마른 인간들의 가슴이 다시 아름다워질 수 있으리라는 믿음으로 위안을 삼습니다.

자연사랑 우리 꽃 사랑을 떠올리니 평소 우리 꽃에 쏟는 애정과 관심이 남다르기로 소문난 손명순 여사가 생각납니다. 한국의 야생화 발행인으로 있을 당시 손 여사의 배려로 청와대를 취재할 기회가 있었는데 우리 꽃들이 수없이 자라고 있는 청와대 뜰을 보고 깊은 감명을 받았습니다.

북악산을 등 뒤로 앉히고 있는 청와대의 뜰은 비원과 마찬가지로 자연조경을 그대로 살리면서 습도나 햇빛에 맞춰 자라난 자생식물과, 조경을 하면서 인위적으로 심고 가꾼 식물들이 누가 먼저랄 것도 없이 자기 몫의 자리를 차지하고 있습니다.

박수근 미술관에서 가족과 함께

　공식적인 행사가 잦은 녹지원의 계곡으로 난 비탈을 오르면 수궁터가 나오는데 일제 강점기의 총독 관저가 자리했던 곳입니다. 비탈의 끄트머리에는 멸종위기 식물로 보호되고 있는 주목이 서 있습니다. 서울에서 제일 오래된 주목으로 800년의 수령을 자랑한답니다.
　경내로 들어서니 유실수들이 유난히 많이 보였습니다. 배, 사과, 복숭아, 살구, 밤, 태추, 단감, 개암, 다래, 포도 등 17종 600여 그루가 되는데 과실이 결실을 맺으면 손명순 여사가 직접 따서 직원 식당에 후식으로 내놓기도 하고 직원들에게 골고루 나눠주기도 했답니다.
　경내를 나와 뒷동산으로 가면 텃밭을 볼 수 있습니다. 감자, 고구마, 토마토, 고추, 가지, 오이, 배추, 호박, 목화, 율무, 쑥갓과 같은 토속 식물들로 가득 차 있었습니다. 손명순 여사는 청와대의 정원에 우리 꽃을 심어 외국에서 온 국빈이나 귀빈에게 우리의 얼과 정서를 알리는 숨은 외교관이었고, 한편으로는 텃밭을 일일이 가꾸고 그 결실을 직원들과 나누는 평범한 주부이기도 했습니다. 청와대 장식용으로 꽃을 사들이지 않고 우리 꽃을 잘 가꿔서 꽃꽂이함으로써 경비를 엄청나게 절감하였다는 이야기도 들었습니다.

양구에서 인제로 가는 광치령을 넘으면서 어느 부대에서 포사격 훈련을 하는지 '꽝꽝' 진짜 포탄 터지는 소리가 요란했습니다. 폭탄이란 말의 부정적인 표현에 대한 생각을 하며 달려서인지 피식 웃음이 나왔습니다.

저녁에는 오랜만에 딸 다희와 아들 대현, 집사람이 함께 와서 양구의 유명한 재래식 순두부로 즐거운 저녁 식사를 했습니다. 박수근 미술관은 덤으로 즐기고.

제53일 양구군 남면 – 인제군 인제읍

공짜라서 귀함을 모른다?

　1월 5일. 영하 15도. 날씨가 몹시 추웠습니다. 솔밭골펜션에서 출발하여 북면교차로에서 좌회전하여 원통과 한계교차로를 지나 십이선녀탕 방향으로 달렸습니다. 박상학 회원이 내가 동상에 걸렸다는 말을 듣고 사서 보내준 운동화를 신어서인지 발은 무척 편했습니다. 새로 산 신발이라서 그런지 공짜로 얻은 신발이라서 그런지 그냥 양말만 신은 듯 편안했습니다. 무엇이든 공짜로 얻으면 귀한 줄 모른다고들 하지만 오늘 선물로 받아 신은 운동화가 그야말로 귀하다는 생각을 했습니다.

　그런데 '공짜라서 귀함을 모른다'는 말은 좀 어딘가 모순이 있는 게 아닌가 싶어 곱씹어 봤습니다. 우리들 삶에서 가장 값진 것들은 다 공짜로 얻을 수 있는 것들이고 돈으로는 살 수 없는 것들입니다. 맘껏 들여 마셔 좋은 공기, 따뜻한 햇살, 눈이 시리도록 하얀 눈, 사랑하고 존경하는 가족, 친구, 친지, 이번 달리기를 하면서 함께한 사람들…. 무엇이든 헤아려 보기를 좋아하는 버릇이 생긴 나 자신도 공짜로 이 세상에 나온 터입니다.

　십이선녀탕 계곡 앞을 지나 만해문화박물관을 향해 달렸습니다. 십이선녀탕은 밤에 12명의 선녀들이 하늘에서 내려와 목욕을 하고 동 트기 전에 다시 돌아간다는 전설이 있습니다. 폭포와 소, 담이 계속되는 이곳은 특히 가을 경치가 빼어나다고 합니다.

　인제에는 십이선녀탕 계곡뿐 아니라 유명한 내린천 계곡이 있습니다. 조선 중기 이후에 민간에 널리 퍼진 예언서인 『정감록』에 7군데의 피난

인제 내린천 계곡

지가 나오는데 그중 하나가 내린천의 지류인 조경동 계곡이라고 합니다. 조경동은 아침가리라고도 하는데 밭이 조그만 해서 아침 잠깐이면 밭갈이를 끝낼 수 있다고 하여 조경동 또는 아침가리라 합니다. 조경동 계곡은 원시림이 있어 삼림욕을 즐길 수 있고 급류를 타고 내려오는 래프팅도 인기가 있습니다. 내린천 계곡의 길이가 70km나 되는데 기암괴석과 빠른 유속, 굽이굽이 감도는 물줄기를 따라 멋진 경치가 펼쳐집니다.

『정감록』에는 또 '삼둔사가리'라는 말이 나옵니다. 3곳의 둔과 4곳의 가리가 난리를 피해 숨을 만한 피난처라고 하는 말인데 내린천 부근에 있는 살둔, 월둔, 달둔과 인근의 아침가리, 결가리, 적가리, 연가리가 있습니다. 조선 세조 때 단종복위에 연루되었던 사람 중에 내린천에 숨어들어가 목숨을 건졌다는 이가 있다고도 합니다.

내린천 계곡에는 사랑 이야기가 하나 전해집니다. 조선시대에 역모죄로 몰린 양반 도령을 따라 왕실 가문의 아가씨가 내린천 계곡으로 숨어들었다는 전설입니다. 사랑을 위해 권세를 버린 아가씨의 마음을 헤아려봅니다.

겨울이기 때문일까요? 사랑이란 말만으로도 따뜻함이 느껴집니다. 운동화 한 켤레에 담긴 사랑을 느끼며 용대휴게소에 도착했습니다.

제54일 인제군 인제읍 – 인제군 북면

우리 몸의 냉정한 이치

1월 6일. 강원도 인제군 북면 용대리에서 출발하여 속초까지 달렸습니다. 소프라노 손순남 교수가 응원차 용대리를 방문해주었습니다. 손순남 교수는 미국 피츠버그 듀케인대에서 성악을 전공한 성악가이며 대학에서 학생들을 가르치고 있습니다. 우리 식물원을 무척 좋아하는 그야말로 한국자생식물원의 매니아입니다.

손순남 교수가 처음 마라톤 풀코스를 완주할 당시 출발선부터 피니시까지 나와 이문희 회원이 동반주를 해 주었습니다. 마라톤 풀코스를 처음 뛰면 예기치 못한 고통을 많이 느끼는데 그는 큰 고비 없이 4시간 반 만에 완주했습니다. 마라톤을 마치고 감격하여 울던 모습이 생각납니다.

마라톤은 여성분들이 하기에 아주 좋은 운동입니다. 나는 식물원에서 매일 달리기를 합니다. 오대산 월정사 쪽으로 바람소리, 물소리, 새소리 들어가면서 하루에 한 10km씩 뜁니다. 뛰면서 이런저런 생각도 하고, 구상도 하고, 어려운 결정도 내립니다. 마라톤을 하면 피부도 상하고, 관절에도 좋지 않다 하여 꺼리는 사람들이 많은데 내 생각에는 플러스 요인이 더 많습니다. 적당한 달리기는 근육이 좋아지고, 뼈도 단단해집니다.

마라톤 대회에 출전을 앞두고 있을 때는 일주일에 4일은 10km씩 뛰고, 나머지는 20km, 또는 30km를 뛰며 연습합니다. 컨디션이 좋을 때는 매주 한 번씩 풀코스를 뜁니다. 한 주에 한 번씩 마라톤 풀코스를 뛰면 일 년에 30번 이상 풀코스 마라톤을 할 수 있습니다. 지금까지 130번 정도 풀코스 마라톤을 했습니다. 한여름, 한겨울을 빼고는 거의 매주 뛰었습니다.

그런데 요즘은 전국일주 마라톤으로 몸을 너무 무리하는 바람에 자제하고 있습니다. 의사 말로는 특별히 이상이 있는 것이 아니라 마라톤을 무리하게 해서 몸에 있는 미량요소들이 다 빠져나가서 몸 상태가 좋지 않은 것이라고 합니다.

그래도 아침, 저녁으로 가볍게 달리기를 하고, 오후에는 헬스장에서 기구운동을 합니다. 운동을 하면 운동 하는 순간 지방이 빠지고, 근육이 생기고 뼈가 단단해지는 것이 아니라 잠을 잘 때 변화가 나타난다고 합니다. 운동은 정직합니다. 꾸준히 운동하고 관리하면 몸은 달라집니다.

그리고 신기한 게 달리기를 하면 평탄한 길을 달릴 때, 언덕을 올라갈 때, 언덕을 내려올 때에 몸이 쓰는 근육이 다 다릅니다. 한몸에 있는 근육인데도 불구하고 쓰는 부문만 발달합니다. 우리가 흔히 '십시일반'이라는 말을 쓰는데 내가 돈을 못 벌면 가족이나 친구에게 돈을 빌려 쓸 수 있습니다. 그런데 우리 몸은 얼마나 고지식한지 그런 게 없습니다. 쓰고 단련시키는 부분만 발달을 하고 그렇지 않은 곳은 그대로 도태합니다. 참 냉정합니다.

예전에는 달리기를 하면 다리 운동을 따로 할 필요가 없을 거라고 생각하다가 헬스장에서 내 몸의 냉정한 이치를 깨달았습니다. 어느 날 헬스장에 가서 다리 근력을 강화시키는 운동을 해봤습니다. 내 옆에 나이 많은 아주머니가 다리로 5kg을 들어 올리는 운동을 20개가 넘게 하는 걸 보고는 쉽게 생각했는데 나는 같은 무게로 열 개도 못했습니다.

'이거 뭐야. 마라톤을 수없이 하고, 다리 운동이라면 자신이 있었는데, 내가 열 개도 못하다니.'

그제야 달리는 데 쓰는 근육과 힘쓰는 데 쓰는 근육이 다르다는 걸 깨닫고 근력운동을 하기 시작했습니다.

건강을 위해 무리하게 마라톤을 할 필요는 없지만 적당한 달리기를 하면 몸도 단단해지고 다이어트를 따로 할 필요가 없습니다. 특히 다이어트가 필요해서 굶을 생각을 하는 분이 있다면 마라톤을 권하고 싶습니다.

우리가 1,000원어치 먹고 1,200원어치 뛰면 다이어트가 필요 없습니다. 자연히 몸이 비게 됩니다. 하루 먹는 건 1,000원어치인데 800원만큼 움직이면 200원만큼이 몸에 저축이 됩니다. 굶지 말고 마라톤을 하면 많이 먹어도 다 빠집니다. 하루에 5km에서 10km만 뛰면 모든 게 다 해결될 거라고 생각합니다.

한 번에 많이 뛰면 몸에 무리가 오고 오래 할 수 없으므로 하루에 한 시간 정도를 뛴다 생각하면서 처음에는 느린 속도로 1km, 차츰 2km, 3km로 늘려가며 뛰면 좋습니다. 자기 몸이 받아들일 수 있도록 충분히 준비를 해서 뛰는 것이 가장 좋은 운동법이 아닌가 생각합니다.

 ## 용대리 달빛 속에서 부른 노래

  달빛 고운 용대리 자연휴양림을 배경으로 손순남 교수와 전국일주 마라톤 이야기도 하고, 속초 시장에서 사온 닭강정을 안주로 막걸리 잔을 몇 번씩 기울였습니다.

  바람은 불어 불어 청산을 가고
  냇물은 흘러 흘러 천리를 가네.
  냇물 따라 가고 싶은 나의 마음은
  추억의 꽃잎을 따며 가는 내 마음.
  아! 엷은 손수건에 얼룩이지고
  찌들은 내 마음을 옷깃에 감추고
  가는 삼월 발길마다 밟히는
  너의 그림자
  아! 엷은 손수건에 얼룩이지고
  찌들은 내 마음을 옷깃에 감추고
  가는 삼월 발길마다 밟히는
  너의 그림자

  손순남 교수가 내 전국일주 마라톤을 응원해 〈그리운 마음〉이란 가곡을 불러주었습니다. 청중이라고는 스태프인 조규영 팀장과 김민하 팀장

그리고 나까지 달랑 세 사람. 감동의 메아리가 달그림자처럼 길게 용대리 산장에서 계곡을 타고 흩어집니다. 욕심 같아서는 옛 가요 〈봄날은 간다〉 한 곡 더 청해 듣고 싶은데 목구멍까지 올라온 청을 꿀꺽 삼켰습니다.

〈봄날은 간다〉는 윤심덕의 〈사의 찬미〉와 더불어 내가 가장 좋아하는 노래입니다. 손로원이 작사하고 박시춘이 작곡하여 1953년에 발표한 곡으로 가수 백설희 씨가 불렀습니다. 전쟁으로 황폐화된 세상, 그런데 봄날은 너무 환하고 아름답기만 합니다. 그래서 더욱 슬픈 봄날이라는 역설이 전쟁을 겪은 이들의 한을 드러내며 큰 공감을 얻은 노래입니다. 한 조사에 의하면 우리나라 '시인들이 제일 좋아하는 대중가요 노랫말' 1위에 뽑혔다고 합니다.

연분홍 치마가 봄바람에 휘날리더라
오늘도 옷고름 씹어가며
산제비 넘나드는 성황당 길에
꽃이 피면 같이 웃고
꽃이 지면 같이 울던
알뜰한 그 맹세에 봄날은 간다.

새파란 풀잎이 물에 떠서 흘러가더라
오늘도 꽃 편지 내던지며
청노새 짤랑대는 역마차 길에
별이 뜨면 서로 웃고

별이 지면 서로 울던
실없는 그 기약에 봄날은 간다.

열아홉 시절은 황혼 속에 슬퍼지더라
오늘도 앙가슴 두드리며
뜬 구름 흘러가는 신작로 길에
새가 날면 따라 웃고
새가 울면 따라 울던
얄궂은 그 노래에 봄날은 간다

 이 노래를 처음 부를 때는 내 인생의 봄날이었는데, 어느덧 가을날에 접어들었습니다. 황혼에 서면 아름답지 않은 청춘은 없을 것 같습니다. 전국일주 마라톤을 한 지 55일째 되는 밤 막걸리 잔 기울이며 들은 노래가 지칠대로 지친 마음을 잔잔하게 흔들어 놓습니다.
 윤심덕의 〈사의찬미〉도 듣고 싶은데…
 윤심덕!!
 나는 그를 무척 좋아합니다. 흐느끼듯 끊길 듯 흘러나오는 사의찬미 그 노랫말이 좋고 한 나절도 채 안 되는 짧은 삶을 태운 그의 사랑이 좋고 그 사랑과 함께 현해탄에 미련 없이 몸을 던진 용기도 좋습니다.
 윤심덕은 1897년 평안남도 평양에서 태어나 1926년 8월 4일 현해탄 검은 바다에서 생을 마감했습니다. 우리나라 최초의 성악가(소프라노)이고 최초의 국비장학생이고 최초의 도쿄음악대학 유학생이었고 최다 음반

판매량을 기록한 최초의 대중가수이고 최초의 라디오방송 출연자 및 사회자였습니다.

　그야말로 '최초'라는 수식어를 줄줄이 달고 산 그의 짧은 삶이 좋고 또 좋습니다. 그러나 나는 〈사의찬미〉 노래를 들을 때마다 그의 못다 핀 예술혼을 안타까워합니다.

　광막한 광야에 달리는 인생아
　너의 가는 곳 그 어디메냐
　쓸쓸한 세상 험악한 고해에
　너는 무엇을 찾으려 하느냐
　눈물로 된 이세상이 나죽으면 그만일까?
　행복 찾는 인생들아 너 찾는 것 허무.

　목포에서 서해안을 따라 임진각을 향하는 첫날 백년지의 연꽃을 보러 가는 길목에 윤심덕의 연인 김우진의 초혼묘를 보았습니다. 초혼묘는 말 그대로 혼을 불러 묘를 쓴 것이지요. 김우진의 후손들이 아버지의 혼을 불러 묘를 썼다고 합니다. 벌써 오래전부터 우리 식물원에 윤심덕의 노래비를 하나 세우려 했던 마음이었는데 김우진 초혼묘를 보는 순간 노래비 세우려는 계획서에 꾹 도장을 찍었습니다.

　나는 달리면서 어떤 일에 대한 결정을 하곤 합니다. 마라톤은 내 모든 결심의 완결마당입니다. 아름다운 우리 식물원에 윤심덕의 노래비? 조금은 생뚱맞아 보이지만 양지바른 생태식물원 산등성이에 아마도 2년쯤 후

엔 멋진 노래비가 하나 생길 겁니다. 그리고 그곳은 이루지 못한 윤심덕의 사랑의 언덕이 될 겁니다.

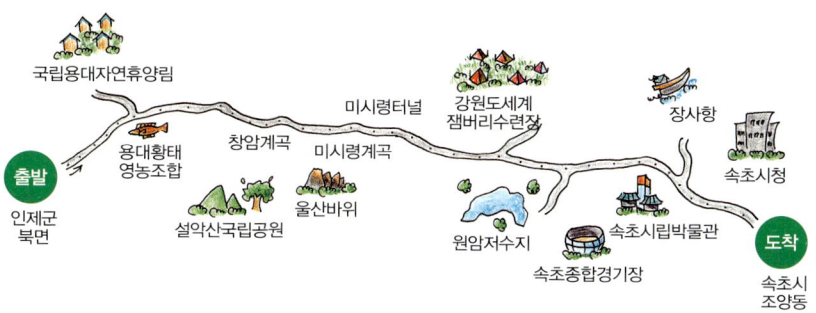

제56-60일 속초시-평창군 92.3km

아름다운 마무리

 세계인과 함께 달리는 즐거움

1월 8일. 추운 날씨와 지형으로 심하게 고생한 강원도 북부 코스를 지나 속초에 다다르니 마치 고향에 온 듯 마음이 편해졌습니다. 속초시 조양동에서 7시 52분에 출발하여 양양군 현북면 중광정리까지 22.2km를 2시간 30여 분 동안 달렸습니다. 오늘까지 달린 거리는 총 1,438.3km입니다.

속초를 벗어나고 강릉을 향하는 발걸음이 무척 가벼웠습니다. 오늘은 또 친구 정영주가 함께 달려주었습니다. 내가 처음 마라톤에 입문하게 된 계기가 이 친구 때문입니다. 조선일보 마라톤 대회에 나가 쓰디쓴 근육통을 경험하고 그때 다시는 마라톤 같은 건 하지 않겠노라고 다짐했는데, 5개월 뒤에 동아일보 마라톤 대회에 나갔고, 7개월 후에는 통일 마라톤 대회에, 그 2주 뒤에 조선일보 마라톤 대회에 나가는 등 풀코스 마라톤 100

뒤로 설악산이 보이는 양양 바닷가의 모습

회를 뛰겠다는 걸 목표로 하게 되었습니다.

빨리 마라톤 풀코스 100회 완주 목표를 달성하겠다며 시간이 맞으면 해외 마라톤 대회도 열심히 참가했습니다. 일본은 지리적으로 가깝고 출장 가는 일이 잦았기 때문에 일본에서 열리는 마라톤 대회에 참가할 기회가 많았습니다. 일본은 자국의 마라톤 대회를 세계적인 대회로 키우기 위해 많은 노력을 하고 있고, 국민들도 동참하고 있습니다.

마라톤 대회가 열리면 시민들이 자발적으로 거리로 나와 달리는 선수들을 응원하고, 어떤 이들은 집에서 음료수와 간단한 간식을 가지고 나와 테이블을 펼쳐 놓고 선수들을 격려하고, 마라톤 경기 때문에 도로가 막혀도 누구 한 사람 짜증을 내는 것을 보지 못했습니다.

미국의 보스턴대회, 뉴욕대회, 시카고대회, 영국의 런던대회, 독일의 베를린대회를 세계 5대 마라톤 대회라고 합니다. 마라톤 선수가 아니더라도 마라톤을 좋아하는 사람이라면 이 대회에 가서 세계 각국에서 온 수많은 마라토너들과 어깨를 나란히 하며 마라톤 코스를 달리고 싶어 합니다.

보스턴대회는 미국 독립전쟁을 기념해 매년 4월에 열립니다. 약 2만 5천 명이 참가하고, 60만 명의 시민들이 응원을 합니다. 100년이 훨씬 넘는 역사와 전통을 가지고 있고 레이스는 홉킨턴에서 보스턴 시내까지 달리는 코스로 반환점 없이 근교에서 도심으로 향합니다.

대회일이 월요일인데도 직장도 쉬고, 학교도 휴교합니다. 시민들은 마라톤 코스 옆에 테이블을 놓고 맥주파티를 하고, 달리던 선수들도 같이 마시며 즐기는 세계적인 축제이자 마라토너들의 명예의 전당입니다. 안타깝게도 작년 대회에 폭탄 테러로 많은 사람들이 다치고 대회 참가자 3명과 경찰 1명이 숨지는 일이 있었습니다. 자칫 이 대회가 위축될까 우려도 했지만 올해 대회는 지난해보다 9천 명이 늘어난 세계 95개국 35,755명이 참가했고, 관람객도 훨씬 늘어나 100만 명이나 되었다고 합니다. 참으로 다행스런 일입니다.

뉴욕대회는 세계 최고의 '시민'대회입니다. 1970년 순수 시민 마라톤 조직위원회 '뉴욕로드러너스클럽(NRRC)'에서 대회를 열기 시작했습니다. 1만 2천 명의 자원봉사자가 활동하고 뉴욕시민 200만 명이 응원합니다. 세계 각국의 참가자 4만 5천 명이 참가하는 세계 최대의 마라톤입니다. 코스는 스테이튼 아일랜드에서 시작하여 부르클린, 퀸즈, 브롱크스를 지나 맨해튼의 중심인 센트럴파크에서 마치는 편도 구간입니다. 아쉽게도

낙산사 입구

국내의 중앙일보 마라톤 대회와 경기일이 겹쳐서 나는 참가를 못해봤는데 언젠가는 꼭 참가하고 싶은 대회입니다.

런던 마라톤 대회는 1981년 시작했습니다. 매년 4월 셋째 토요일에 열립니다. 그리니치공원을 출발하여 버킹엄궁전 앞에 도착하는 코스입니다. 템스강을 따라 마라톤 코스가 이어지는데 런던의 명소들을 통과합니다. 뉴욕시민 마라톤 대회를 벤치마킹한 대회로 내가 아닌 남을 위해 달린다는 슬로건을 내세운 대회입니다. 참가하는 선수들은 기부를 많이 하고, 기부를 이끌어내기 위해 일부러 마라톤에 참가하는 사람들도 있습니다. 런던 마라톤 대회도 런던 시민들의 아낌없는 사랑을 받는 세계인의 축제로 성공했습니다.

베를린 마라톤 대회는 뉴욕 마라톤 대회 다음으로 규모가 큰 행사로 1974년에 첫 대회를 열었습니다. 매년 9월 마지막 주 일요일에 개최되고 메트로폴리스에서부터 브란덴부르크 문까지 동서베를린의 도시를 달리는 코스입니다. 매년 약 120개국의 나라에서 4만 명 이상이 참가하고 있습니다. 베를린 마라톤에 대한 시민들의 자부심이 대단하다고 합니다. 코스를 따라 많은 시민들이 서서 아낌없이 응원을 하고, 시내 교통이 통제되어도 짜증은커녕 오히려 자랑스럽게 생각한다고 합니다.

시카고 마라톤 대회는 1977년 대회를 시작했습니다. 참가 인원이 4만 5천 명으로 매년 10월 둘째 일요일에 개최합니다. 올해는 신청자가 7만 명이 넘어서 추첨을 통해 참가자를 결정했습니다. 선수들은 미시간호를 지나는 아름다운 코스를 달리는데 지형이 평평하여 마라톤 기록이 좋게 나온다고 합니다.

속초에서 물치해변, 낙산대교를 지나 중광정리를 향해 달렸습니다. 이대로라면 오늘 출발지점인 강원도 평창의 한국자생식물원까지도 능히 갈 것 같은 컨디션이었습니다. 한겨울인데도 동해안을 달리니 땀이 났습니다. 여태껏 신고 있던 두꺼운 신발과 완전 무장한 듯 했던 겨울옷을 벗고 마치 어느 마라톤 대회라도 참가하는 듯 가벼운 차림이 되었습니다. 아침 온도가 영하 2℃였으니 지금까지에 비하면 봄 날씨로 생각될 정도로 포근했습니다.

일정을 마치고 코레일 숙소에서 친구와 함께 또 한잔 즐겼습니다. 오늘따라 술 맛이 달디 달았습니다. 술 맛에는 아홉 가지가 있다고 하지요. 그 아홉 가지 맛 중에서 제일 맛있는 술은 임금님 앞에서 마시는 술이라고 합니다. 지금으로 말하면 대통령 앞에서 마시는 술쯤 되겠지요. 그 다음이 제사 지내고 마시는 술 그리고 부모님 앞에서 마시는 술. 그 다음은 사회에서건, 집안에서건, 윗사람 앞에서 마시는 술이고….

각설하고 세 번째로 맛있는 술은 사랑하는 연인과 마시는 술이고, 두 번째로 맛있는 술은 좋아하는 가까운 친구와 담소를 나누며 마시는 술이랍니다. 그리고 세상에서 제일 맛있는 술은 혼자 앉아 풍월을 즐기며 마시는 술이라고 합니다. 오늘은 친구 영주와 두 번째로 맛있는 술을 즐겼습니다.

제56일 속초시 조양동 - 양양군 현북면

한번만 봐도 딴 사람이 된다는 경치, 하조대

1월 9일. 속초를 통과한 지도 이틀. 주문진읍 향호리 주문진리조트 앞까지 22.1km를 목표로 정하고 달렸습니다. 7번국도와 해변길을 들락거리며 설악산 설경과 동해의 푸른 바다를 만끽하며 달리다 보니 어느새 하조대해수욕장이 나왔습니다.

하조대는 조선 개국공신 하륜과 조준이 한때 은거했던 곳이라 두 사람의 성을 따서 하조대라고 했다고 합니다. 마을 안으로 들어서니 '하륜교'라는 다리 이름도 있고 '조준길'이라는 마을길도 있습니다.

하륜은 1347년 고려 충목왕 때 태어나 1416년 조선 태종 때까지 산 고려말 조선초기의 문신입니다. 고려 공민왕 때 이색을 스승으로 모신 신진사대부이자 이인임의 조카사위인 권문세족이기도 하였습니다. 서로 대립하고 있던 두 세력의 경계에서 스스로 중심을 잃지 않고 개혁을 따르면서도 급진적인 방식을 경계했습니다.

하륜은 신돈의 미움을 받아 파직되었고, 최영 장군의 요동정벌을 반대했다가 양주로 유배를 갔으며, 이성계의 위화도 회군 때는 이색 계열로 몰려 정치에서 밀려났습니다. 여러 차례의 시련에도 불구하고 조선 개국 후 이방원의 측근이 되어 왕권 강화 정책을 펼치며 정국을 안정시켰습니다. 고려말의 어지러운 정치상황, 극한 대립을 펼친 두 세력 사이에서 정몽주, 정도전 등 걸출한 인물들이 뜻을 다 못 펴고 사라진 반면 하륜은 69세까지 천수를 누리며 왕권강화라는 소신을 끝까지 지키고 온건개혁 정책을 마음껏 펼친 정치의 달인입니다.

　조준은 고려말부터 조선초기의 문신으로 이성계의 개국을 도와 개국공신이 되고 1398년 왕자의 난 때 이방원의 책봉에 앞장섰으며 토지제도에 밝은 학자로 하륜 등과 경제육전을 편찬하기도 했습니다.

　하조대는 한번만 거쳐 지나가기만 해도 저절로 딴 사람이 되고 10년이 넘게 지나도 그 얼굴에 산수자연의 기상이 남겨져 있다고 할 정도로 경치가 수려합니다. 아침의 푸른 물빛이 떠오르는 태양의 붉은빛과 어우러진 모습이 아름다워 그냥 그 자리에 서서 한참을 바라보았습니다. 혼탁한 인간사도 세상도 이처럼 아름다웠으면 좋겠다는 생각을 했습니다.

제57일 양양군 현북면 - 강릉시 주문진읍

 ## 천 명의 식탁, 소금강 식당암

　1월 11일. 맑은 날씨 속에 강릉 주문진에서 연곡면까지 달렸습니다. 주문진리조트에서 해안을 따라 달리다가 연곡교차로에서 강릉국유림관리소 쪽으로 향했습니다. 이 방향을 따라 들어가면 소금강 입구가 나옵니다.
　소금강은 원래 이름이 청학산입니다. 율곡 이이가 청학산을 보고는 그 모습이 금강산과 비슷하다 했는데 그 이후로 '小金剛'이라는 이름이 되었습니다. 소금강의 구룡폭포는 금강산 구룡폭포와, 소금강 만물상은 금강산 만물상과, 소금강 연화담은 금강산 연주담과 비슷합니다.
　신라 경순왕의 아들 마의태자가 망국의 한을 안고 개골산에 들어가 일생을 보냈다는 이야기가 있습니다. 예로부터 사람들은 금강산을 사계절의 변화에 따라 달리 불렀는데 겨울에는 잎이 지고 앙상한 나무가 드러나므로 개골산, 가을에는 단풍에 물든 풍악산, 여름에는 일만이천 봉우리가 푸르게 녹음이 진다하여 봉래산, 봄에는 새싹과 꽃이 만발한 금강산이라 하였습니다.
　금강산의 축소판이라 불린 소금강에도 마의태자의 전설이 남아 있습니다. 마의태자가 고려에 맞서기 위해 소금강에 아미산성을 쌓고 군사들을 훈련시켰다는 전설인데 그때 마의태자가 거느린 천여 명의 군사들이 밥을 지어 먹었다는 곳이 식당암입니다. 식당암을 보면 평평한 바위가 마치 거대한 식탁처럼 보입니다. 천 명이 앉아 식사를 했다는 말이 전설이 아닌 듯 느껴집니다. 소금강에는 기암괴석이 즐비합니다.

마의태자가 쌓았다는 아미산성은 금강산성, 만월성으로도 불리며 사람들에게 전설 속의 성곽으로 생각되어 왔습니다. 연구에 따르면 아미산성은 노인봉, 매봉, 천마봉 사이의 능선을 따라 축조했는데 고구려의 성 쌓기 방식과 흡사했다고 합니다. 현재 8km가 남아 있고 아미산성 주위에 대궐터, 연병장, 사형장 등으로 불리는 곳이 있어 실제로 적지 않은 군사들이 성내에 주둔했을 것으로 추측할 수 있습니다.

율곡은 아미산성이 언제, 누가 쌓았는지 알려지지 않은 것으로 보아 축조한 이가 아마도 일개 관리나 백성이었을 것이라고 추측했습니다. 사람들이 기억에서 잊어버린 성곽이 마의태자가 쌓은 아미산성이 된 것은 어쩌면 힘없이 망한 나라를 태자가 다시 찾아주기를 바라는 백성들의 간절한 마음이 전설이 되어 남은 것이 아닐까 생각해봅니다.

제58일 강릉시 주문진읍 – 강릉시 연곡면

동자승의 전설을 간직한 오대산 자락

　1월 12일. 오대산 진고개가 가까워 올수록 언덕길 경사가 심해지고 숨이 턱에 걸렸습니다. 이곳에는 동자꽃이 참 많습니다. 이곳 오대산 자락에 매미소리가 한창일 즈음 계곡 골짜기에는 발그레한 주홍빛 동자꽃이 어린 동자승의 아픈 전설을 안고 피어나는데 그 모습이 무척 곱습니다.

　첩첩산중 조그만 암자에 노승과 함께 생활하던 동자승이 있었습니다. 긴 겨울을 나기 위한 준비를 하려고 산 아래 마을로 노승이 시주를 나간 사이 산만큼 많은 눈이 내려 암자로 돌아오지 못합니다. 어린 동자승은 스님을 기다리다가 추위와 허기를 이기지 못하고 죽게 됩니다. 동자승이 스님을 기다리다 죽은 자리에 곱게 피어난 꽃, 그 꽃이 동자꽃이라는 전설입니다. 동자꽃을 보면 그 꽃에 전해 오는 전설 때문이겠지만 하트 모양의 다섯 장 꽃잎 속에 예쁜 어린아이의 얼굴이 겹쳐집니다.

　동자꽃은 제주도를 뺀 전국의 비교적 높은 산에 자라는 여러해살이풀

동자꽃

제비동자꽃

털동자꽃

입니다. 7월 초순부터 8월 하순에 줄기 끝과 잎 겨드랑이에서 난 짧은 꽃자루에 한 개씩 꽃이 달립니다. 꽃잎은 다섯 장으로 납작하게 벌어지고 끝이 오목하게 들어갑니다. 흰 색으로 피는 꽃도 있으며 제비동자꽃과 털동자꽃보다 더 붉습니다. 꽃이 고와 집에서 기르고 싶어하는 사람이 많지만 더위에 약하기 때문에 한여름을 넘기기가 쉽지 않습니다.

오늘은 날씨는 춥지 않은데 바람이 무척 많이 불었습니다. 13.5km만 달리고 내일 마지막 날을 위해 쉴 생각을 하니 몸과 마음이 깃털처럼 가벼웠습니다. 마치 바람에 날리듯 13.5km 진고개 중간 해발 800m 지점에 페인트로 '60'이라는 숫자(달린 날짜인 60일째 되는 날)를 쓰고 '하하하' 진고개 정상을 향해 크게 웃었습니다.

 개자니 골짜기의 법정 스님

1월 14일. 앞으로 남은 거리는 13.3km. 드디어 전국일주 마라톤 기행의 마지막 날이 왔습니다. 꾸불꾸불 험하기로 유명한 진고개 해발 800m 지점을 9시 20분에 출발했습니다. 마지막 날의 축하 동반주를 해주기 위하여 신구대학교 이숭겸 총장을 비롯한 많은 분들이 찾아왔습니다. 사진 촬영도 해주고 덕담도 나누고 함께 희희낙락 달렸습니다.

진고개 정상을 넘어 오대산 개자니 골짜기로 접어들면서부터는 거의 내리막길. 달리는 것이 아니고 마치 물처럼 흘러내립니다. 이곳 개자니 골짜기는 무소유 이론으로 유명한 법정 스님이 돌아가실 때까지 기거하던 암자가 있는 곳입니다. 법정 스님은 이곳에 은거하면서 우리 식물원에

진고개 정상에서의 기념촬영

도 가끔 나들이를 했는데 그분의 저서에도 심심치 않게 식물원 얘기가 나옵니다.

법정 스님과의 인연은 1970년대 함석헌 선생께서 살아계실 때부터입니다. 함석헌 선생이 발행하시던 잡지 『씨알의 소리』 편집위원을 법정 스님이 맡았을 때 처음 뵈었습니다. 나는 그 당시 '씨알의 모임'이라는 모임을 만들어서 함석헌 선생의 뜻을 좇아 활동을 했습니다.

함석헌 선생은 하루에 식사를 점심 한 끼만 했습니다. "하루 종일 세 끼를 먹으면 몸이 고달파진다. 내장도 쉬어야 하지 않겠나. 하루에 한 끼만 먹어도 활동하는 데 지장이 없다" 했습니다. 저녁에 모임이 있거나 초대를 받으면 미리 식사가 준비되어 있는지를 확인하고 식사 계획이 있으면 점심을 들지 않았습니다. 그런데 식사 계획이 있어서 점심까지 걸렀는데 무슨 문제가 있어서 식사를 못하게 되면 그날은 굶어야 했습니다.

그때 함석헌 선생을 보고 나도 나이를 먹으면 한 끼만 먹고 살아봐야겠다고 마음을 먹고 그때부터 하루에 두 끼만 먹었습니다. 한 20년을 그렇게 살았습니다. 아침을 안 먹고 점심, 저녁만 먹었는데, 강원도에 가서 마라톤을 하면서 3끼를 먹었습니다. 달리기를 하니 하루 두 끼씩 먹고는 배가 고파 참을 수가 없습니다.

1970년대 말쯤에 법정 스님을 뵙고 한참 동안 소식을 전하지 못하고 살았습니다. 내가 한국자생식물원을 열고 자리를 잡아갈 무렵 법정 스님이 우리 식물원으로 관람을 하러 왔습니다. 당시에는 법정 스님이 은둔생활을 하실 때라 사람들이 어디서 어떻게 사는지 모를 때입니다. 늘 입던 옷에 늘 쓰던 밀짚모자를 쓰시고 식물원으로 들어오시는 걸 멀리서 보고

앞으로 남은 3km

혹시나 하여 황급히 달려갔습니다. 정말 법정 스님이었습니다.

"제가 여기 주인입니다. 제가 함선생님 원효로 자택에서 뵈었고 행사 때마다 뵀는데 기억하세요?"

"반갑다."

갑자기 뵙고 들뜬 마음으로 인사하는 내 양손 잡고 법정 스님도 무척 반가워했습니다. 그 다음부터 우리 식물원에 나들이 하러 오면 산수국, 금낭화, 하늘말나리 등을 나눠 드리기도 했습니다. 지금도 스님이 살던 집에 가면 주인 없는 빈 집에 우리 꽃이 많이 심어져서 철따라 꽃을 피우고 있습니다.

법정 스님은 나리, 구절초, 산수국 등 우리 꽃을 무척 좋아했습니다. 특히 보랏빛 산수국을 무척 좋아해서 초여름 산수국 꽃이 필 때쯤이면 식물원에서 뵐 수 있었습니다. 오늘 전국일주 마라톤의 마지막 레이스에서 법정 스님의 암자를 지나 도착지점이 가까워 오자 '아름다운 마무리'라는 타이틀로 남기신 스님의 마지막 메시지들이 떠올랐습니다.

'아름다운 마무리는 처음의 마음으로 돌아가는 것이다. 일의 과정에서, 길의 도중에서 잃어버린 초심을 회복하는 것이다.' 『아름다운 마무리』(법정 지음)에서 발췌.

이제 새벽하늘을 바라보며 출발했던 한국자생식물원 멸종위기 식물보전원 건물이 눈앞에 보입니다. 1,508.8km, 75일에 걸친 전국일주 마라톤이라는 고행이 끝났습니다. 다음에는 식물원을 출발하여 동해로, 남해로, 서해로, 황해도로 평안도로 함경도로 달려 동해를 따라 식물원에 도착하는 진정한 전국일주 마라톤에 도전하겠습니다.

제60일 강릉시 연곡면 – 평창군 대관령면

마지막 남은 진고개 길을 웃음으로 마무리하다

완주 축하 플래카드

61년차 동갑내기 이효이

60일간 함께 뛰어준 운동화

동상 방지를 위한 방한용품

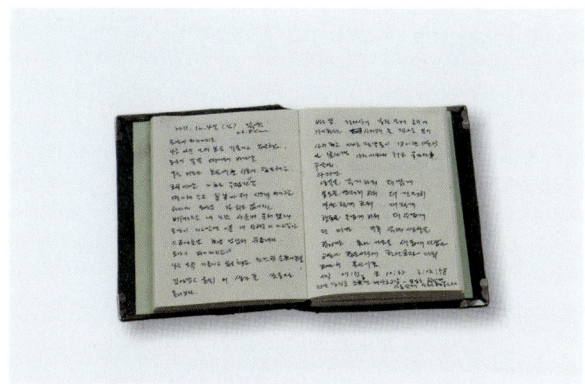
60일간의 여정을 기록한 마라톤 일기장

김창렬의 전국인주 마라톤 기행

초판 1쇄 발행 2015년 2월 2일

지은이	김창렬
펴낸이	김정일
펴낸곳	신구문화사
디자인	은디자인
일러스트	김민하
사　진	김광근, 손유정, 송기엽, 이문희, 이숭겸, 이인환
색보정	오명현

등　록	1968. 6. 10. 제1-205호
주　소	경기도 성남시 중원구 광명로 395번길1
전　화	031-741-3055~6, 031-741-3054(팩스)
홈페이지	www.shingubook.com

ⓒ김창렬 2015, 지은이와의 협의에 따라 검인을 생략합니다.

ISBN 978-89-7668-208-6 03810

이 책은 저작권법에 따라 보호받는 저작물이므로 무단전재와 무단복제를 금지하며,
이 책 내용의 전부 또는 일부를 이용하려면 반드시 저작권자와 신구문화사의 서면 동의를 받아야 합니다.